Positionen und Perspektiven
Jahrbuch Ruhr 2014

KLARTEXT

Regionalverband Ruhr (Hg.)

Positionen und Perspektiven
Jahrbuch Ruhr 2014

Konzeption:
Dr. Ludger Claßen,
Stefan Laurin,
Dr. Dieter Nellen

Redaktion/Texte:
Stefan Laurin

Lektorat:
Sibylle Brakelmann

Satz und Gestaltung:
Klartext Medienwerkstatt Gmbh, Essen

Umschlaggestaltung:
Team Kommunikationsdesign, RVR

Umschlagabbildung:
Projekt von Mark Dion
im Rahmen der Emscherkunst 2013
(Foto: Joachim Schumacher,
© RVR/Joachim Schumacher)

Druck und Bindung:
Aalexx Buchproduktion GmbH, Großburgwedel

1. Auflage November 2013
© Klartext Verlag, Essen 2013
ISBN 978-3-8375-0984-7

Inhalt

9 Vorwort (Karola Geiß-Netthöfel, Ludger Claßen)

RVR-Reform

12 Gute Gründe für mehr Zusammenarbeit (Karola Geiß-Netthöfel)

14 Metropole Ruhr in die Champions League (Thomas Eiskirch)

18 Ruhrparlament: Da wollen wir hin! (Lothar Hegemann)

20 Leben ist Wandel – auch im Ruhrgebiet (Börje Wichert)

23 Eine Geschichte von verpassten Zeitfenstern und verschreckten Nachbarn (Thomas Nückel)

26 RVR-Reform (Monika Pieper)

Menschen

30 Menschen

Schwerpunkt Internationalität

38 Kommunalpolitisches Treffen in Lünen

41 »Was fehlt, sind Arbeitsplätze.«
Interview von Stefan Laurin mit Aladin El-Mafaalani

Städte

46 Essen-Nord wird Universitätsviertel

50 Bochum – Eine Uni zieht in die Stadt

53 Phoenix-See – Erfolg am Wasser

56 InnovationCity Ruhr.
Klimagerechter Stadtumbau in der Modellstadt Bottrop

62	Römer und Wassersport. Ob Römerlager oder Wassersport – Xanten gehört zu den beliebtesten Ausflugszielen des Ruhrgebiets	
65	Zuwanderung nach Duisburg	*(Stefan Laurin)*
68	Der Gasometer lässt Christo keine Ruhe	*(Jeanette Schmitz)*
74	Der grüne Norden. Das nördliche Ruhrgebiet ist einen Ausflug wert	
77	Stadt ans Wasser	
79	Gelsenkirchen: Kinder sind Zukunft	
82	Hochschulstandort Hamm	
84	Herne – Blick in die Vorzeit des Ruhrgebiets	
88	Kultur in Zeiten knapper Kassen	
91	Ennepe-Ruhr – Weltmarktführerregion im südlichen Ruhrgebiet	*(Jürgen Köder)*

Umwelt

96	Ein neues Dekadenprojekt für die Ruhr – Klima.Expo NRW » Ruhr	*(Gerhard Kmoch)*

Geschichte

102	UNESCO-Bewerbung »Zollverein und die industrielle Kulturlandschaft Ruhrgebiet«	*(Dieter Nellen, Christa Reicher)*
113	Geschichte der Hochhäuser im Ruhrgebiet	*(Eckhard Gerber)*

Energie

124	Energiewende	*(Thomas Wels)*
130	Chancen und Möglichkeiten der Energiewende für das Ruhrgebiet	*(Johannes Remmel)*

Tourismus

138	Nachhaltige Wirkung des Tourismus für die Entwicklung des Ruhrgebiets	*(Axel Biermann)*
144	Deutsches Fußballmuseum in Dortmund. Magische Momente für ein emotionales Ausstellungserlebnis	*(Manuel Neukirchner)*

Planung

150	Der Radschnellweg Ruhr von Duisburg bis Hamm	*(Martin Tönnes, Ulrich Heckmann)*
156	Neue Lebensqualität im Emschertal. Flussverwandlung für eine nachhaltige Stadtlandschaft	*(Jochen Stemplewski)*
165	RRX und Betuwe-Linie – das waren zwei lange und komplizierte Geburten ... Interview von Stefan Laurin mit Michael Groschek	
170	Ideenwettbewerb – Next Netzwerkstatt	

Wirtschaft

174	Der Dortmunder Hafen. Knotenpunkt für die Hinterlandverkehre der Seehäfen	
178	Die Bottroper Gruben werden die letzten sein	*(David Schraven)*
183	Wirtschaftsförderung in der metropoleruhr	*(Thomas Westphal, Rasmus C. Beck)*
190	Die Entwicklung »Kreativer Quartiere« im Ruhrgebiet. Eine erste Bilanz mit Ausblick	*(Ralf Ebert)*

Sport

202	Fußball im Schatten der Großen	*(Ralf Piorr)*
220	Ruhr Games. Sport, Action und Popkultur	*(Dieter Nellen, Niklas Börger)*

Medien

- 226 Presse
- 229 Lokal und digital – Journalismus im Jahr 2013 *(Philipp Ostrop)*
- 232 Museumskooperation *(Martin Kuhna)*
- 237 Urbane Künste Ruhr.
  Wenn Kunst die Stadt neu denkt *(Katja Aßmann)*
- 244 Zentrum für Internationale Lichtkunst in Unna
  leuchtet voraus! *(John Jasper)*

Wissenschaft

- 248 Ruhrbanität.
  Ideen für eine außergewöhnliche Stadt
- 250 Wissensgipfel *(Helmut Diegel)*

Chronik

- 256 Chronik

Herzlich Willkommen, liebe Leserinnen und Leser, des Jahrbuchs der Metropole Ruhr,

das Ruhrgebiet ist eine vielfältige, spannende und gegensätzliche Stadtlandschaft Europas und damit eine »Metropole der anderen Art«. 53 Kommunen, vier Landkreise, mehrere Großstädte und ländliche Gemeinden, weltweit tätige Konzerne, aber auch kleine Handwerksbetriebe, Künstler, Wissenschaftler, Arbeiter, Menschen aus 140 Ländern – alles zusammen prägt das Ruhrgebiet, lebt Ruhrgebiet im Alltag. Denn es gibt ein Lebensgefühl in der Metropole Ruhr: Es ist geprägt von Offenheit, Neugier und Zusammenhalt. Hier bleibt niemand lange fremd, wer dazugehören will, gehört schnell dazu – ob auf der Arbeit, an der Uni, in der Bahn, am Tresen oder im Stadion.

Über das Leben im Ruhrgebiet berichtet die vorliegende Ausgabe des Jahrbuchs Ruhr. Es knüpft, nach einer mehrjährigen Pause, an die Tradition des Jahrbuchs Ruhrgebiet an, das vom Kommunalverband Ruhrgebiet, der Vorgängerinstitution des Regionalverbandes Ruhr, herausgeben wurde.

Wir wollen mit dem Buch die jüngsten Entwicklungen der Metropole Ruhr aufzeigen: zum Beispiel die Bewerbung als Weltkulturerbe, die Umbrüche und Chancen der Energiewende, den Umbau des Ruhrgebiets zu einer international noch besser vernetzten Region, die spannendsten Projekte der Städte. Alles Themen, über die hier bei uns diskutiert wird.

Das Ruhrgebiet ist und bleibt eine Metropole im Umbruch. Das ist sie seit ihrer Entstehung. Stillstand, behäbige Rückschau sind hier unbekannt. Der Wandel und die Wandlungsfähigkeit haben das Ruhrgebiet zu jeder Zeit geprägt und ausgezeichnet. Wir hoffen, dieser Geist ist in diesem Buch zu spüren.

Karola Geiß-Netthöfel *Ludger Claßen*

RVR-Reform

Gute Gründe für mehr Zusammenarbeit
von Karola Geiß-Netthöfel

SPD, CDU und Grüne waren sich in der Verbandsversammlung des Regionalverbandes Ruhr, dem Ruhrparlament einig: Eine Reform des RVR-Gesetzes ist dringend notwendig, um die weitere Entwicklung des Ruhrgebietes hin zu einer Metropole zu ermöglichen.

Ihre Forderungen sind klar: Das Ruhrgebiet braucht dringend mehr Zusammenarbeit in Themenfeldern wie Wirtschaft, Mobilität, Bildung, Forschung, Ökologie, Energie, Kultur, Tourismus, Freizeit und Wohnen. Der Regionalverband soll Aufgaben der Städte übernehmen können und auch das Ruhrparlament soll an Bedeutung gewinnen. Mit dieser gemeinsam getragenen Gesetzes-Initiative wird das Zusammenwirken der Städte und Kreise in der Metropole Ruhr auf ein solides, zukunftsfähiges Fundament gestellt.

Warum wollen SPD, Grüne und CDU eine solch weitgehende Reform? Wollen sie, wie Kritiker meinen, das Ruhrgebiet vom Rest des Landes isolieren, auf Kosten der anderen Landesteile eine mächtige und teure Zentralverwaltung aufbauen?

Nein, die große Mehrheit des Ruhrparlaments hat sehr gute und pragmatische Gründe, sich für eine Reform des RVR-Gesetzes stark zu machen. Viele Städte im Ruhrgebiet bekommen so die Möglichkeit wesentlich effektiver und kostensparender zu arbeiten, wenn sie Aufgaben zusammen wahrnehmen. Machen sie dies freiwillig über den RVR, stellt das eine Entlastung der Kommunen dar, die nicht auf Kosten der Bürger geht. Ob Kultur, Umwelt oder Wirtschaftsförderung – in zahlreichen Themenfeldern hat der RVR in den fast 100 Jahren seines Bestehens viele Erfahrungen in der regionalen Zusammenarbeit gesammelt. Es macht nur Sinn, die Städte und Kreise davon noch stärker profitieren zu lassen. Schließlich sind sie es, die den RVR finanzieren.

Und die Kommunen wären auch die Nutznießer, wenn der RVR mehr pauschalierte Mittel aus Bundes- und Landesprogrammen erhalten würde. Schon jetzt werden große regionale Projekte wie z.B. die Entwicklung des Emscher Landschaftsparks, die ExtraSchicht und die Route der Industriekultur mit entsprechenden Förderbescheiden unterstützt. Mehr Flexibilität beim Einsatz der Finanzmittel würde noch mehr möglich machen.

Wenn der RVR in naher Zukunft in seiner Funktion und in seinen Aufgaben als d i e Klammer für das Ruhrgebiet gestärkt wird, dann ist der nächste konsequente Schritt auch die Bürgerinnen und Bürger über die Zusammensetzung der Verbandsversammlung als politisches Gremium entscheiden zu lassen. Damit wird auch die Identifikation der Menschen mit »ihrem« Ruhrgebiet zunehmen.

Es gibt viele gute Gründe für eine Reform des RVR-Gesetzes zu sein. Niemand im Rheinland, Münsterland oder Ost- und Südwestfalen muss sich Sorgen machen, dass ein Ruhrgebiet, das enger zusammenarbeitet für ihn ein Risiko ist. Im Gegenteil: Jede erfolgreiche Region in Nordrhein-Westfalen ist ein Gewinn für das ganze Land.

Karola Geiß-Netthöfel ist seit dem 1. August 2011 Regionaldirektorin des Regionalverbands Ruhr (RVR). 1986 begann sie ihre berufliche Laufbahn in der Landesverwaltung NRW. Von Juli 2008 bis Juli 2011 war Karola Geiß-Netthöfel Regierungsvizepräsidentin in Arnsberg. Von 1989 bis Mitte 1992 saß sie für die SPD im Kreistag des Kreises Unna.
Foto: RVR/Wiciok

Metropole Ruhr in die Champions League
von Thomas Eiskirch

Die Metropole Ruhr hat alles, um in der Champions League zu spielen, um sich mit den Größen Europas zu messen. Beim Fußball schaffen wir es. Aber als Ballungsraum, als Lebens- und Wirtschaftsraum spielen wir mal Westfalenliga, mal Bundesliga – mehr war bisher nicht drin. Damit das so nicht bleibt, müssen wir unsere Kräfte und unsere Stärken bündeln.

Als Grundlage ist dafür ein neues »Spielverständnis« in der Region notwendig: Wir wollen das RVR-Gesetz novellieren. Dies haben wir Anfang 2013 auf den Weg gebracht und wahrscheinlich niemand in der Metropole Ruhr, aber auch um uns herum hat geglaubt, dass dies den Parteien im Revier im Konsens gelingt.

Überraschungssieg

So kam es im März 2013 zu einem politischen Ereignis, dass es in dieser Form im Ruhrgebiet noch nie gab: Die Verbandsversammlung des RVR hat sich einstimmig für eine Reform des RVR-Gesetzes ausgesprochen. Damit soll der RVR als regionale Klammer gestärkt und fit für die Zukunft gemacht werden. Erstmals hat damit die Region eigene Ideen und Positionen für die Zusammenarbeit aller Ruhr-Kommunen formuliert.

Alle Führungsspieler müssen den gemeinsamen Erfolg wollen

Der Entscheidung für gemeinsame Anforderungen an ein modernes RVR-Gesetz ist innerhalb der SPD im Ruhrgebiet ein intensiver und langer Abstimmungsprozess vorausgegangen. Es mussten jede Menge Führungsspieler auf ein gemeinsames Ziel und ein gemeinsames Spielsystem eingeschworen werden. Unter Federführung der RuhrSPD haben alle 15 SPD-Gliederungen der Metropole Ruhr regionalstrategische Themen- und Handlungsfelder definiert, um daraus Aufgaben für den RVR abzuleiten. Erst danach wurden mögliche RVR-Strukturen und Fragen zu Wahlverfahren diskutiert: erst die Aufgaben, dann die Strukturen. Eine solche Vorgehensweise gelingt in der Politik nicht immer.

Schließlich wurde im Januar 2013 bei der Ruhrkonferenz – dem Parteitag der RuhrSPD – eine Positionierung mit dem Titel »Zukunftsfähiger Regionalverband Ruhr« einstimmig verabschiedet. Hinter diesem spröden und bürokratisch anmutenden Titel verbirgt sich aber etwas, was es bis dato so noch nicht gegeben hat: DIE Ruhrgebietspartei bekennt sich erstmals unmissverständlich und ohne Wenn und Aber zur Region und zur Stärkung ihrer politischen Klammer, dem RVR. Einstimmig – von Hamm bis Wesel, von Recklinghausen bis in den Ennepe-Ruhr-Kreis.

Thomas Eiskirch ist Mitglied des NRW-Landtags und wirtschafts- und energiepolitischer Sprecher der SPD-Fraktion. Er ist der Vorsitzende der Bochumer SPD und Mitglied des Ruhrparlaments des RVR.
Foto: Archiv

Der Ball rollt – erst einmal Richtung Düsseldorf

Die Trikotfarbe ist nicht das Wichtigste: Basierend auf den rot-grünen Koalitionsverträgen im RVR und im Land NRW, die sich beide für eine Novellierung des RVR-Gesetzes und eine Stärkung des Verbandes aussprechen, werden die Reviervorstellungen für ein neues RVR-Gesetz auf den Weg Richtung Landesgesetzgeber gebracht. Einig innerhalb der SPD – einig aber auch mit den meisten anderen Parteien in der Metropole Ruhr.

Im Kern geht es dabei um drei Punkte: Aufgaben konkretisieren – Strukturen optimieren – Metropole stärken! Wir wollen mehr Aufgaben gemeinsam wahrnehmen (lassen), wir wollen mehr gemeinsam entscheiden und diese Entscheidungen direkter legitimieren, wir wollen deutlich werden lassen, dass diese Region gemeinsam stärker ist als die Summe ihrer Kommunen.

»La Ola« und andere Reaktionen

> »Unsere Region ist unter seismologischen Gesichtspunkten ein relativ unbedeutender Landstrich. Dennoch hat sich vor gut zwei Monaten hier ein Erdbeben ereignet, dessen Epizentrum im Bereich der Kronprinzenstraße in Essen lag und dessen Druckwellen bis hinein ins Rheinland, ins Münsterland und nach Ostwestfalen wahrnehmbar waren,«

so Horst Schiereck, der Vorsitzende der RVR-Verbandsversammlung wenige Wochen nach Verabschiedung der gemeinsamen Resolution.

In der Vergangenheit konnten sich immer alle – innerhalb und außerhalb der Metropole Ruhr – darauf verlassen, dass sich das Revier untereinander nicht einig ist. Die Zeiten sind vorbei. Die vielen und vor allem kritischen Reaktionen in den angrenzenden Regionen und Landesteilen kann man daher vielleicht im ersten Augenblick nachvollziehen. Die Kommunen in der Metropole Ruhr verständigen sich auf eine Mannschaftsaufstellung und gemeinsame Spieltaktik, um im Wettkampf der Regionen Europas erfolgreicher zu sein. Dabei geht es aber nicht um eine »Sonderrolle«

oder »Sonderbehandlung« des RVR innerhalb NRWs oder um eine »Zersplitterung« oder »Dreiteilung des Landes«. Vielmehr wollen wir die Handlungsfähigkeit der Metropole Ruhr in sich stärken, um den großen Herausforderungen der Zukunft begegnen zu können. Wir wollen mehr regionale Gemeinsamkeit erreichen und so der Lebenswirklichkeit der Menschen, deren Leben sich immer weniger an kommunalen Grenzen orientiert, gerecht werden. Klar ist, dass wir dies weder zulasten anderer Regionen NRWs erreichen wollen noch können. Wir setzen nicht auf Konfrontation, sondern auf Kooperation innerhalb NRWs und insbesondere mit den benachbarten Regionen Niederrhein, Bergisches Städtedreieck, Südwestfalen und Münsterland. Aber dem Rest Europas wollen wir es schon zeigen!

Ruhrparlament: Da wollen wir hin!
von Lothar Hegemann

Die Verbandsversammlung beschloss im März 2013 fraktionsübergreifend die Resolution »Aufgaben konkretisieren – Strukturen optimieren – Metropole stärken«. Erstmalig einigten sich die politischen Repräsentanten der Region, darunter die Oberbürgermeister und Landräte, wie und wie weit es bei der anstehenden Novellierung des RVR-Gesetzes gehen soll. Dieser Beschluss erging erfreulicherweise einmütig und auf der Grundlage sachlicher Diskussion.

Auch die umliegenden Regionen nahmen zur Kenntnis, dass der RVR anstrebt, seine Bemühungen in den Bereichen Verkehr und Mobilität, Energie und Abfallpolitik zu intensivieren. Eine Repräsentanz auf europäischer Ebene wird ebenso angestrebt wie die Direktwahl des Ruhrparlaments.

Der RVR und die Metropole Ruhr sehen sich nach wie vor besonderen Herausforderungen gegenüber. Die altmontan geprägte Industrieregion bildet eine polyzentrale Metropole mit über fünf Millionen Einwohnern auf engstem Raum mit ähnlichen Problemlagen, die sie von anderen Regionen in Gänze unterscheidet. Diese Problemlagen will und muss die Region gemeinsam und entsprechend strukturiert bewältigen, wie es auch die Resolution beschreibt:

»Dem RVR muss ermöglicht werden, kommunale Aufgaben oder Auftragsangelegenheiten für Mitgliedskörperschaften wie ein Zweckverband nach dem Gesetz über kommunale Gemeinschaftsarbeit

zu übernehmen und zu erledigen. Dabei kann es sich sowohl um (Pflicht-)Aufgaben für das gesamte Verbandsgebiet als auch nur für einzelne Mitgliedskommunen handeln. Beispielhaft seien hier die Bewerbung und die Trägerschaft von für Kommunen ausgelobten Wettbewerben und Projekten (Kulturhauptstadt, Green Capital etc.) oder eine gemeinsame Aufgabenwahrnehmung des Katasterwesens genannt.
[...]
Klar ist, dass dabei der RVR und die Städte und Kreise im RVR nicht zu Lasten von GFG-Empfängern außerhalb des Verbandsgebietes besser gestellt werden dürfen.«

Der RVR hat eine fast 100-jährige Geschichte. Er ist der Verband der Kommunen an der Ruhr und mehr als nur ein Beirat einer staatlichen Behörde. Er hat eine interkommunale Bündelungsfunktion. Angesichts der Haushaltslage der überwiegenden Mehrheit der Kommunen ist diese Funktion mehr denn je von großer Bedeutung und ein entscheidender Baustein zur Lösung der Probleme dieses zentralen Siedlungsbereichs in NRW. Synergien für die Region zu heben, ist oberstes Gebot.

Der RVR will bei seiner Weiterentwicklung niemandem im Land etwas wegnehmen, sondern allein zur besseren Organisation der Angelegenheiten der eigenen Region in Kooperation mit ihren Städten befähigt werden.

Ich hoffe, dass die Novellierung des RVR-Gesetzes hierfür die nötigen Grundlagen schafft, damit alle motivierten Akteure gemeinsam starten können, die zukunftsweisenden Pläne und Ideen für unsere Region auf gesetzlich geregelter Grundlage umzusetzen.

Glück auf!

Lothar Hegemann ist Mitglied des Landtags NRW, gehört dem Kreistag Recklinghausen an und ist Mitglied des Ruhrparlaments.
Foto: Archiv

Leben ist Wandel – auch im Ruhrgebiet
von Börje Wichert

Seit mindestens 50 Jahren findet im Ruhrgebiet ein massiver Strukturwandel statt. Getrieben wird er seit den 1960er Jahren durch den Import fossiler Energieträger wie Öl und Gas, seit den 1990ern durch den Fall des Ostblocks und das Internet, seit den 2000ern durch Sonne und Wind. Hinzu kommen schleichende, aber immense demografische Veränderungen. Die neu geschaffene Hochschullandschaft und die Ansiedlung bisher im Revier irrelevanter Branchen haben Wissenschaft und Wirtschaft in Schwung gehalten und einen Totalabsturz verhindert, den man in anderen ehemaligen Kohlerevieren besichtigen kann. Die Entwicklung der regionalen Politik und Verwaltung hat allerdings mit den Veränderungen nicht Schritt gehalten. Erst durch die letzte Reform des RVR-Gesetzes gelang es, eine regionale raumplanerische Klammer für die Region zu schaffen. Entscheidende Zuständigkeiten fehlen aber und müssen ergänzt werden.

Beispielhaft seien hier drei genannt.
- Mobilität verändert sich. Das hat der RVR erkannt. Durch sein erfolgreich aufgebautes Radwegenetz und seine bundesweit begrüßten Pläne für einen Radschnellweg hat er sich hier Renommee erworben. Die unterschiedlichen Zuständigkeiten für unterschiedliche Verkehrsträger führen aber zu Reibungsverlusten. Deshalb muss nun der RVR als Moderator auftreten und die bestehenden Angebote im Radverkehr mit Bus und Bahn verknüpfen und Anwalt einer leistungs-

fähigen Verkehrsinfrastruktur werden. Wer sich Metropole nennt, kann keine fehlende Verknüpfung der Busse und Straßenbahnen zwischen den Städten des Reviers dulden. Wer sich Metropole nennt, kann nicht akzeptieren, dass Stadtbahnen durch fehlendes Geld verrotten. Die durch diese Zustände verursachten volkswirtschaftlichen Schäden liegen auf der Hand. Gemeinsam mit den Zweckverbänden, den Nahverkehrsunternehmen und den Kommunen muss der RVR gegenüber dem Bund ausreichend Mittel für den Erhalt der Infrastruktur einfordern und gleichzeitig eine Reform des Overheads anstoßen, die günstigere Strukturen schafft. Ein preiswertes und leistungsfähiges Mobilitätssystem ist gleichzeitig die beste Wirtschafts-, Sozial- und Umweltpolitik.

- Gleiches gilt für einen dringend notwendigen regionalen Energiekonsens. Er muss das umfassen, was der Atomkonsens nicht sagt. Wann wollen wir was in der Energiewirtschaft erreichen? Wie können wir im Ruhrgebiet günstige Preise für Strom und Wärme bei ökologisch vertretbarer Erzeugung erzielen? Wie wird die Abwärme der Industrie und der Müllverbrennungsanlagen im Ruhrgebiet besser genutzt? Eine gemeinsame regionale Beantwortung dieser Fragen muss neue Allianzen schmieden. Energieverbraucher sind durch die fehlenden Weichenstellungen derzeit ähnlich verunsichert wie Energieerzeuger – völlig unerheblich, ob es sich um die Verbraucherzentrale, die Stadtwerke, kleine und mittlere Unternehmen im Maschinenbau oder die drei im Ruhrgebiet ansässigen Energiekonzerne handelt. Positionen gemeinsam in Berlin und Brüssel zu vertreten, kann das Ruhrgebiet als energetisches Zentrum nur voranbringen.
- Nicht jede Stadt und jeder Kreis im Ruhrgebiet muss ein komplettes Backoffice für Dienstleistungen an

Börje Wichert ist Sprecher von Bündnis 90/Die Grünen im Bezirksverband Ruhr.
Foto: Archiv

den Bürgern vorhalten. Kontakt muss zwar vor Ort gewährleistet sein, nicht aber Spezialwissen in allen denkbaren Disziplinen. Der RVR muss deshalb Motor freiwilliger und verpflichtender Zusammenarbeit der Kommunen sein. Die Alternative ist angesichts der Finanzlage gerade der Ruhrgebietsstädte verheerend. Vor dem Hintergrund der massiv schwindenden Sachmittel- und Personalausstattung der Gemeinden hieße sie, Aufgaben faktisch nicht wahrzunehmen. Deshalb müssen Synergien jetzt dringend gehoben werden.

Für all dies bedarf der RVR als regionaler Akteur einer breiteren Bekanntheit und demokratischen Legitimation. Erfreulich ist deshalb der Konsens im Ruhrgebiet, dass die Verbandsversammlung, das »Ruhrparlament«, künftig von den Bürgern direkt gewählt werden muss. Jetzt ist es am nordrhein-westfälischen Landtag, die Vorlage aus der Region zu verwandeln. Sie kann nämlich Anstoß für eine neue, zeitgemäßere Formation der Regionen des Landes sein. Unter dem Motto »So viel vor Ort wie möglich, so viel in der Region wie möglich, so viel zentrale Steuerung wie nötig« sollten Politik und Verwaltung den Sprung ins 21. Jahrhundert wagen. Viel Zeit dafür bleibt nicht mehr.

Eine Geschichte von verpassten Zeitfenstern und verschreckten Nachbarn
von Thomas Nückel

Das Streben um Durchsetzungskraft und ein gemeinsames Dach für die Städte an Ruhr, Emscher und Lippe ist eine lange Geschichte von selten genutzten oder aber meist verpassten Zeitfenstern.

Das ging schon Architekt Camillo Sitte und Kunstmäzen Karl Heinz Osthaus so, die 1898 einen künstlerischen Städtebau für das Siedlungsgebiet forderten. Ein »Städtevereinigungsplan« 1905 für die im Grunde noch neue Region grauste die meist noch jungen Städte. Nicht anders erging es 1912 zunächst auch Robert Schmidt, der mit einer Denkschrift auf die Chance, gemeinsam die Probleme der unkontrolliert und unkoordiniert wachsenden Ruhrgebietsstädte zu lösen, hinwies. Das Zeitfenster für eine regionale Dachstruktur öffnete sich erst nach dem Ersten Weltkrieg. Als in großer Krise die Probleme schier unlösbar schienen, nutzten der Essener Oberbürgermeister Hans Luther und Stadtplaner Robert Schmidt die Gunst der Stunde und erreichten im fernen Berlin, dass die Preußische Landesversammlung grünes Licht zur Gründung eines Siedlungsverbandes Ruhrkohlenbezirk (SVR) gab.

Wenig beachtet erledigte der SVR seine detailreiche Arbeit auch in Fragen der Regionalplanung. Sozialdemokratische Landesregierungen sorgten 1979 mit der Umwandlung des SVR in den Kommunalverband Ruhr (KVR) und der Wegnahme der wichtigen Regionalplanung dafür, dass der KVR mehr als ein Verband für

Thomas Nückel ist Mitglied des Landtags NRW und des Ruhrparlaments.
Foto: Archiv

Fahrradenthusiasten, Waldwegepflege-Experten und Imagepfleger wahrgenommen wurde.

Nach der Jahrtausendwende, vielleicht auch als Ergebnis der Internationalen Bauausstellung (IBA) 1999, öffnete sich das Zeitfenster wieder für regionale Bestrebungen. Es kamen vermehrt Vorschläge auf, die von der Bildung einer Ruhrstadt bis zu einem gemeinsamen Regierungsbezirk reichten. 2004 wurde der RVR als Nachfolger des KVR gegründet. Wirtschaftsförderung, aber auch die Aufstellung von Masterplänen zählen nun zu seinen erweiterten Pflichtaufgaben. 2007 sorgte eine Mehrheit von FDP, CDU und Grünen im Landtag mit der Übertragung der Regionalplanung für eine Stärkung des Aufgabenspektrums.

Weitergehende Ansätze für eine Aufteilung des Landes in drei Regionalverbände 2005 verebbten schnell im Störfeuer der sozialdemokratischen Funktionäre und Hauptverwaltungsbeamten innerhalb des Ruhrgebiets und des Kleinmuts in Düsseldorf. Das Zeitfenster für einen regionalen Kurs schloss sich schnell. Die Störfeuergeber innerhalb des Ruhrgebiets wurden nicht selten gern als Kronzeugen der sich ängstigenden Nachbarn genutzt.

Anfang 2013 geschah aber Sonderbares. Von CDU, SPD und Grünen wurde im Ruhrparlament im Hauruckverfahren eine Resolution mit weitgehenden Forderungen zur RVR-Novellierung beschlossen. War ein neues Zeitfenster aufgesprungen? Kaum.

Aus Angst vor der Kritik verhinderte ein abgehobener RVR eine notwendige Diskussion in seinen Städten und Kreisen über die geforderte Reform. Dabei ist der Griff ins Portemonnaie der Städte offensichtlich. Und man hat ein demokratietheoretisch bedenkliches Direktwahlsystem vorgeschlagen, das die Gefahr birgt, dass Teile des RVR nicht mehr im Ruhrparlament vertreten sein werden. Der geforderte Griff auf die EU-Förderung und Zuweisungen des Gemeindefinanzierungsgesetzes (GFG) führten intern wie auch bei den Nachbarregionen zur Gegenoffensive.

Vielleicht wäre das Ruhrgebiet besser beraten, zunächst auch andere Landesteile zu mehr »regionaler Organisation« zu ermuntern. Solange dies dort nicht der Fall ist, kann man dem RVR die so als Sonderrechte erkannten zusätzlichen Kompetenzen nicht zugestehen. Und so ist auch zehn Monate nach dem RVR-Beschluss in Düsseldorf nicht die Spur einer Bewegung zu erkennen.

Der Knüller steht freilich am Schluss der Resolution für eine RVR-Novellierung: Um auf Augenhöhe zu kommen, soll das Gehalt der RVR-Verwaltungsspitze erhöht werden.

RVR-Reform
von Monika Pieper

Über 90 Jahre nach der Gründung des Siedlungsverbands Ruhrkohlenbezirk als Vorläuferorganisation des heutigen RVR im Jahr 1920 und einer sehr wechselvollen Geschichte stehen der RVR und das Ruhrgebiet vor dem nächsten Schritt. In einem seltenen, viele Parteien quer durchs politische Farbspektrum reichenden Konsens soll die Region Ruhr als Metropole Ruhr ein weiteres Mal neu erfunden werden.

Jenseits der Frage, ob es sich nun um eine Metropole handelt oder nicht, und ohne die kontroverse Debatte um den Metropolenbegriff nachzuzeichnen, steht doch fest: Das Ruhrgebiet steht vor gewaltigen Herausforderungen. Eigentlich tut es dies seit seinen Ursprüngen; insofern dürfen wir zuversichtlich sein, dass die Menschen in der Region sich diesen Herausforderungen stellen werden. Das Ruhrgebiet verfügt über viele Qualitäten, die wichtigste ist ohne jeden Zweifel die Fähigkeit und die Bereitschaft der Menschen, miteinander leben zu wollen. Aber wir wollen nicht naiv sein – die Menschen in der Region sind von den ökonomischen, sozialen und ökologischen Umbrüchen der vergangenen Jahrzehnte schon sehr gebeutelt. Das Ruhrgebiet ist – leider ohne zu übertreiben – auf dem schlechten Weg, zum Armenhaus des Landes zu werden. Es ist ein Gebot der Solidarität und des Vertrauens in die Menschen der Region, denen wir mit Respekt begegnen und zu denen wir gehören, nach Antworten auf die großen und die kleinen Fragen der Zukunft der Region zu suchen und sie gemeinsam zu finden.

Eine der Bedeutung der Region einigermaßen entsprechende Repräsentation nach innen und nach außen ist da nur ein Aspekt neben vielen. Wir Piraten begrüßen die vorgeschlagenen Neuerungen, die dazu beitragen sollen, den RVR zu einer Institution zu machen, die eine starke demokratische Basis hat, um die Menschen in der Region adäquat zu vertreten. Deshalb begrüßen wir die Idee, eine Vertretung in Brüssel zu etablieren. Wir halten es auch für richtig, den RVR stärker an den Förderverfahren zu beteiligen. Der RVR spricht für das Ruhrgebiet als Ganzes und stärkt so die Rolle und die Bedeutung der Region auch in Bezug auf verfügbare oder erschließbare Förderkulissen, auf die die Region dringender als andere angewiesen ist.

Vor allem begrüßen wir die Aufwertung der Verbandsversammlung über die Direktwahl der Mitglieder – und hätten, um die Kritik der Regionalräte aufzugreifen, nichts gegen die Direktwahl auch der Regionalräte. Der so betriebenen (weiteren) Verschiebung der demokratischen Architektur hin zu den Regionen stehen wir positiv gegenüber. Es ist aber auch wichtig, dass die Aufwertung des RVR dringend einhergeht mit einer Verstärkung der Beteiligungsmöglichkeiten und Beteiligungsrechte der Menschen in der Region. Wir stehen der Einrichtung einer weiteren bloß repräsentativen Institution kritisch gegenüber, weil mit ihr nicht die wachsende Distanz zwischen den Menschen und der politischen Klasse überwunden werden kann.

Wir Piraten stehen für ein starkes und selbstbewusstes Ruhrgebiet. Wir begrüßen das neue RVR-Gesetz. Wir unterstützen die demokratische Stärkung des RVR in Solidarität mit den Menschen der Region.

Monika Pieper ist Parlamentarische Geschäftsführerin der Piratenfraktion im Landtag NRW.
Foto: Archiv

Menschen

Menschen

Berthold Beitz

Berthold Beitz
Foto: EWG – Essener Wirtschaftsförderungsgesellschaft mbH

Als Berthold Beitz am 30. Juli 2013 starb, war in vielen Nachrufen die Rede davon, dass mit ihm der letzte Ruhrbaron verstorben sei und damit eine Ära endgültig beendet wäre. Eine, zumindest zum Teil, falsche Einschätzung: Beitz war keiner der selbstverliebten Ruhrbarone, die wie August Thyssen oder Alfred Krupp mit großen Villen sich selbst und ihre Macht feierten und deren Maßlosigkeit kaum eine Grenze kannte. Beitz' Leben war geprägt von Mut und Pflichterfüllung, er war unkonventionell und bereit, Verantwortung zu übernehmen – alles Eigenschaften, die ihn auch vom letzten Krupp, Arndt von Bohlen und Halbach, unterschieden.

Beitz stammte aus einer Beamtenfamilie Mecklenburg-Vorpommerns. Er hörte schon Jazz, als dieser noch als entartete Musik galt, machte als einer der jüngsten Manager der 1930er Jahre Karriere und rettete gemeinsam mit seiner Frau Else während des Krieges zahlreiche Juden vor den Vernichtungslagern.

Nach dem Krieg übernahm er bald die Leitung des Krupp-Konzerns. Ihm gelang es, das angeschlagene Unternehmen vor der Pleite zu retten. Ins Geschäft mit der Sowjetunion stieg er mitten im Kalten Krieg ein und bewies so als einer der wenigen Unternehmer der frühen Nachkriegszeit eine Weitsicht, die ihm damals von vielen verübelt wurde.

Beitz führte Krupp durch bewegte Jahre: Der Dortmunder Stahlkonzern Hoesch wurde übernommen, mit dem einstigen Erzkonkurrenten fusionierte der Konzern dann 1999. Auch Arbeitskämpfe prägten die Ära

Beitz: 1986 hielt der Streit um die geplante Schließung des Hüttenwerks in Duisburg-Rheinhausen Deutschland in Atem. Es war nicht der einzige Konflikt, der in diese Ära fiel: Werke wurden geschlossen, Arbeitsplätze abgebaut, das Unternehmen immer wieder neu strukturiert.

Beitz' Zeit bei Krupp war eine unruhige, von Brüchen geprägte. Trotzdem – als Herr der Krupp-Stiftung verlor er nie die Menschen Essens und des Ruhrgebiets aus dem Auge. Er ermöglichte nicht nur mit 55 Millionen Euro den Neubau des Museums Folkwang rechtzeitig zum Kulturhauptstadtjahr 2010, sondern förderte auch zahlreiche Bildungsprojekte: Vor allem die Zukunft von Hauptschülern lag ihm am Herzen.

Ging mit Beitz der letzte Ruhrbaron? Nein, mit Beitz ging ein Mensch, der den alten Ruhrbaronen zum Vorbild gereicht hätte. Das Ruhrgebiet ist ärmer ohne ihn.

Ursula Gather

Ursula Gather ist die Nachfolgerin von Berthold Beitz an der Spitze der Krupp-Stiftung. Seit dem 1. Oktober 2013 trägt sie als Kuratoriumsvorsitzende damit Verantwortung für eine der großen deutschen Stiftungen mit zahlreichen kulturellen und sozialen Projekten. Die Stiftung ist zudem die größte Aktionärsvertreterin beim Industriekonzern ThyssenKrupp, einem Unternehmen in einer tiefen Krise. Die europäische Stahlindustrie ist von Überkapazitäten geprägt, ThyssenKrupp hat Milliarden mit einem Werksneubau in Brasilien verloren und leidet noch unter den Skandalen der jüngsten Vergangenheit. Der Kuratoriumsvorsitz ist eine ebenso große wie komplizierte Herausforderung. Es ist nicht die erste in Gathers beruflicher Laufbahn: Seit 2008 ist die Mathematikerin Rektorin der TU Dortmund. Seit

Ursula Gather
Foto: WAZ FotoPool

Oktober 2010 ist sie die Vorsitzende der Landesrektorenkonferenz – in einer Zeit, in der die Hochschulen durch den doppelten Abiturjahrgang und den Wegfall der Studiengebühren von der Landespolitik an die Grenzen ihrer Belastungsfähigkeit geführt werden.

Gather wird auch als Kuratoriumsvorsitzende der Krupp-Stiftung Härte und Dialogbereitschaft zugleich brauchen. Es sind keine einfachen Zeiten – an den Universitäten nicht und nicht in der Stahlindustrie.

Reinhard Wiesemann

Reinhard Wiesemann
Foto: RVR

Es gab wohl noch keinen Tag im Leben von Reinhard Wiesemann, an dem er nicht eine Idee hatte – und nur wenige, an denen er nicht alles tat, um sie umzusetzen. Zuletzt holte er TEDx, den Ableger der weltweit bekannten TED-Konferenz, nach Essen – ein Symposium, auf dem Experten in kurzen und verständlichen Vorträgen von ihrer Arbeit berichten. Unter anderem standen der Kulturmanager und ehemalige Geschäftsführer der Kulturhauptstadt RUHR.2010 Oliver Scheytt, der Arzt Jörg Beautemps und die Schriftstellerin Sharlene Anders auf der Bühne des Unperfekthauses. Auch Letzteres geht auf Wiesemann zurück: Aus einem aufgegebenen Kloster in der Essener Innenstadt schuf er eines der aufregendsten und außergewöhnlichsten Kulturzentren Deutschlands. Kulturschaffenden und Initiativen jedweder Art steht das Unperfekthaus kostenlos zur Verfügung. Finanziert wird es von den Besuchern, die für ihren Eintritt nicht nur kostenlose Getränke bekommen, sondern auch Zutritt zu den Veranstaltungen, Ateliers und Büros haben.

Nur einen Steinwurf weiter liegt das Generationen-Kult-Haus, ein Mehrgenerationenhaus mit 21 Apartments, 14 WG-Zimmern und 20 Plätzen in einer Ladengemeinschaft. Ein leer stehendes Bürohaus im Norden der Essener Innenstadt wurde so revitalisiert.

Besonders an den Projekten Wiesemanns ist, dass sie sich zumindest nach einer gewissen Zeit rechnen müssen – der ehemalige IT-Unternehmer ist nicht nur ein Visionär, sondern auch ein Kaufmann. Eine viel zu seltene Kombination.

Kay Voges

Für die *Welt am Sonntag* macht er das »beste Theater des Westens«, die *Bild* nennt ihn den heißesten Regisseur Deutschlands, das Schauspiel Dortmund ist auch seinetwegen neben dem Hamburger Thalia Theater und dem Deutschen Theater in Berlin für den Faust, den deutschen Theater-Oscar, nominiert. Kay Voges ist es gelungen, innerhalb von drei Jahren aus dem bestenfalls mittelmäßigen Schauspiel Dortmund eines der meist beachteten Theater Deutschlands zu machen. Dabei blies ihm vor allem zu Beginn seiner Intendanz der Wind ins Gesicht. Mitten im Kulturhauptstadtjahr setzte er sich mit der Reihe »Stadt ohne Geld« kritisch mit den Kreativwirtschaftsplänen im Ruhrgebiet auseinander und holte Obdachlose und Hausbesetzer auf die Bühne.

Kay Voges
Foto: Schauspiel Dortmund

Das Dortmunder Publikum reagierte irritiert und nahm ihm übel, dass er seine eigenen Schauspieler mitbrachte und die alten Publikumslieblinge auf die Straße setzte. Im Frühjahr 2011 wurde im Dortmunder Kulturausschuss darüber diskutiert, doch die BVB-Revue wieder auf den Spielplan zu setzen. Aus den Plänen wurde nichts – Voges behielt die Nerven, setzte seinen Kurs fort: Mit dem Stück »Crashtest Nordstadt« brachte er das Theaterpublikum in den wohl bekanntesten und am übelsten beleumundeten Stadtteil Dortmunds und machte die Bewohner zu Darstellern. Viele, die dabei waren, lernten das Quartier in seiner Vielfalt kennen.

Mit »Das goldene Zeitalter – 100 Wege, dem Schicksal die Show zu stehlen« brachte Voges ein Stück ohne feste Handlung auf die Bühne, das sich erst während der Aufführung entwickelt und jedes Mal anders sein wird – auch hier lohnte sich sein Mut: Die Kritiken waren zumeist begeistert.

Das Schauspiel Dortmund ist die wichtigste und spannendste Bühne des Ruhrgebiets – und das ist der Verdienst von Voges und seiner Mannschaft.

Margarethe von Trotta

Die Schauspielerin, Regisseurin und Drehbuchautorin Margarethe von Trotta ist Mercator-Professorin an der Universität Duisburg-Essen. Jedes Jahr lobt die Hochschule eine Mercator-Professur aus. Der Titel orientiert sich an dem einstigen Namensgeber des Duisburger Teils der Doppeluniversität. Mit dieser Professur soll die Erinnerung an den Duisburger Kartografen und Universalgelehrten aus dem 16. Jahrhundert wachgehalten werden.

Von Trotta wird im Laufe der nächsten zwölf Monate immer wieder in Duisburg Vorlesungen halten. Bekannt wurde von Trotta vor allem durch ihre Filme: Mit »Die verlorene Ehre der Katharina Blum« nach dem gleichnamigen Roman von Heinrich Böll, »Rosa Luxemburg« und zuletzt »Hannah Arendt« zeigte sie, dass auch ein kritisches und anspruchsvolles Kino ein großes Publikum finden kann. Ihre Arbeit machte sie zu einer der erfolgreichsten deutschen Regisseure.

Vor von Trotta erhielten bereits Hans-Dietrich Genscher, der Filmregisseur Volker Schlöndorff, die Soziologin Necla Kelek, der Publizist Dr. Peter Scholl-

Latour und die Frauenrechtlerin und Journalistin Alice Schwarzer die Mercator-Professur.

Eckhard Gerber

75 Jahre wurde der wohl bekannteste Architekt des Ruhrgebiets im Oktober: Eckhard Gerber. Die von dem 1938 in Thüringen geborenen Architekten gebauten Häuser finden sich auf der ganzen Welt. Die Arbeiten seiner Büros in Dortmund, Berlin und Hamburg prägen die Innenstadt der saudischen Hauptstadt Riad, wo er die Nationalbibliothek, zwei Bildungszentren, eine U-Bahn-Station und einen »Schmetterlingsdom«, eine begehbare Glasblase mit tropischem Klima, in der Schmetterlinge herumfliegen, gebaut hat. In Frankfurt baute er das Biologicum der Goethe-Universität, in der Schweiz Büro- und Wohngebäude und in der chinesischen Metropole Taiyuan Büros.

Eckhard Gerber
Foto: GA

Doch keine Stadt hat Gerber so geprägt wie Dortmund. Ohne seine Arbeiten ist das heutige Stadtbild Dortmunds nicht vorstellbar: Nach seinen Plänen wurde das Dortmunder U zu einem Zentrum für Kunst und Kreativität umgebaut, er entwarf unter anderem das Arbeitsamt am Eingang der Nordstadt, das Harenberg-Haus und den RWE Tower. Der *Spiegel* beschrieb ihn als Demokraten, Freiheitspatrioten und Frauenförderer, der in Saudi-Arabien entgegen der Traditionen des streng muslimischen Landes eine Frau als Bauleiterin zweier Projekte einsetzte. Von dem Hamburger Magazin gefragt, warum er Aufträge in einer religiös geprägten Diktatur wie Saudi-Arabien annehme, formulierte Gerber sein Credo: »Ich komme aus der DDR und will Saudi-Arabien nicht mit der DDR gleichsetzen, ich will nur sagen, was mich geprägt hat: Willy Brandts Ostpolitik, Wandel durch Annäherung.«

Ein Stück weit gilt dies wohl auch für seine Arbeiten in Dortmund und im Ruhrgebiet: Sie nähern die Region der Moderne an, kommen ohne die im Ruhrgebiet beliebten Anleihen an die industrielle Geschichte aus und reichen so von der Gegenwart hinein in die Zukunft. Und das führte immer wieder zu Diskussionen – aber was braucht das Ruhrgebiet mehr als Diskussionen über die Zukunft?

Schwerpunkt Internationalität

Kommunalpolitisches Treffen in Lünen

»Europa ist der größte zivilisatorische Fortschritt«

Auf dem Kommunalpolitischen Treffen des RVR in Lünen sprach sich der Hauptredner Martin Schulz (SPD), Vorsitzender des Europaparlaments, für mehr Zusammenarbeit aus – in Europa und im Ruhrgebiet. Er kam nach Lünen auf besonderen Wunsch von Regionaldirektorin Karola Geiß-Netthöfel.

Schulz ist Europäer aus Leidenschaft und ein leidenschaftlicher Redner – und er mag das Ruhrgebiet. Seine Rede, die ein Plädoyer für die Zusammenarbeit

Martin Schulz in Lünen: »Alles, was regional gemacht werden kann, muss regional gemacht werden.«
Foto: RVR/Tina Umlauf

in Europa war, war zugleich eine Aufforderung, auch regional, im Ruhrgebiet, enger zu kooperieren.

Für Schulz ist Europa wesentlich mehr als ein Verbund von Staaten, der eine gemeinsame Währung hat und wirtschaftlich kooperiert. Für ihn ist es der »größte zivilisatorische Fortschritt«, dass die Staaten Europas zusammengerückt sind, und die Gründe dafür sind für ihn klar: Demokratie und Frieden.

> »Über Jahrhunderte bekriegten sich die Staaten in Europa, Millionen starben in Kriegen und die Nazis stürzten den Kontinent ins Elend. Die Europäische Union ist das Zeichen dafür, dass die Menschen ihre Lektionen aus der Geschichte gelernt haben.«

Der Frieden in Europa sei ein Erfolg der europäischen Idee, aber nicht der einzige: »Was ist die Idee hinter Europa?«, fragte Schulz ins Publikum hinein und lieferte sogleich die Antwort:

> »Die Idee ist, dass Staaten über die Grenzen hinweg zusammenarbeiten, weil sie zusammen stärker als alleine sind. Die Idee ist, dass starke Nationen zusammenarbeiten, um ihre Stärken zu entwickeln und ihre Schwäche zu überwinden.«

Als Schulz dies sagte, war klar, dass diese Idee auf das Ruhrgebiet anzuwenden ist.

Schulz zeigte Verständnis für Kritik an der Europäischen Union (EU) und betonte, dies sei kein Ausweis von Europafeindlichkeit. Aber er warnte davor, den europäischen Pfad zu verlassen und zum Nationalstaat zurückzukehren:

> »Alles, was lokal gemacht werden kann, muss lokal gemacht werden, alles, was regional besser erledigt

Gäste aus dem ganzen Ruhrgebiet waren zum Kommunalpolitischen Treffen nach Lünen gekommen.
Foto: RVR/Tina Umlauf

wird, regional. Die Europäische Union muss sich nicht um den Verkehr im Ruhrgebiet kümmern. Man muss nicht alles gemeinsam regulieren. Aber die Regionalversammlung kann zum Klimawandel beschließen, was sie will, und der Landtag zur Handelspolitik – da haben sie nichts zu melden. Internationaler Handel, Währung, Klima, gemeinsame Sozialstandards – das sind Aufgaben, die bei der Europäischen Union besser aufgehoben sind.«

International würden schon die europäischen Nationalstaaten keine große Rolle mehr spielen und selbst die EU sei auf diesem Parkett kein Riese:

»92 Prozent der Menschen leben nicht in Europa und diese Menschen haben sich nicht vorgenommen, dass ihre Länder groß und arm und wir klein und reich sind. Wir stehen in einem globalen Wettbewerb und in dem werden wir mit Kleinstaaterei nicht bestehen.«

»Was fehlt, sind Arbeitsplätze«
Interview von Stefan Laurin mit Aladin El-Mafaalani

Das Ruhrgebiet hat eine Integrationsleistung wie keine zweite Region in Deutschland, sagt Aladin El-Mafaalani. Der Dortmunder ist Professor für Politische Soziologie an der Fachhochschule Münster und sieht vor allem im Mangel an Arbeitsplätzen das größte Problem.

Das Ruhrgebiet gilt als traditionelle Einwandererregion ...
El-Mafaalani: Und das zu Recht. Seit dem 19. Jahrhundert findet eine ständige Einwanderung in das Ruhrgebiet statt. Polen, Türken, Araber, Griechen, Spanier, Italiener und viele andere ziehen seit über 100 Jahren hierher. Das Ruhrgebiet ist ein Schmelztiegel, vergleichbar Teilen der USA. Wie in den USA besteht auch das Ruhrgebiet fast ausschließlich aus Einwanderern und Nachkommen früherer Einwanderer.

Ein Vorteil, wenn es um die Integration geht.
Ein sehr großer Vorteil. Auch im Ruhrgebiet gab und gibt es immer Konflikte zwischen denen, die bereits hier leben, und denen, die neu hinzukommen. Aber diese Konflikte sind eher moderat.

In Duisburg und Dortmund hat man angesichts der Zuwanderung von Roma aus Bulgarien und Rumänien nicht den Eindruck, dass die Konflikte moderat sind.
Gerade die Situation in Dortmund und Duisburg zeigt die Stärke des Ruhrgebiets bei der Integration von Zuwanderern und die Fähigkeit zur Konfliktlösung. Sicher, es gibt Streit in der Nordstadt und in Rheinhausen, aber er eskaliert nicht. In Regionen mit einer geringeren Erfahrung mit Zuwanderung, wie in großen Teilen Ost-

Aladin El-Mafaalani ist Professor für Politik an der FH Münster.
Foto: privat

deutschlands, kam es in vergleichbaren Situationen zu Gewalt. Im Ruhrgebiet nicht. Viele türkischstämmige Dortmunder fühlen sich durch den Zuzug der Bulgaren gestört – vor allem, weil sie als EU-Bürger ihnen gegenüber privilegiert sind. Aber wie fast immer im Ruhrgebiet kommt nicht die Forderung auf, die Neuen sollten wieder weg und hätten kein Recht, da zu sein. Fast allen ist klar, dass ihre Vorfahren hier irgendwann einmal so ankamen wie heute die Roma. Das sorgt dafür, dass es nicht zur Eskalation kommt.

Werden wir in zehn oder 20 Jahren auch eine Migrantenökonomie der Roma haben? Die Nachfahren der türkischstämmigen Zuwanderer prägen ja auch mit ihren Geschäften mittlerweile ganze Quartiere.
Das kann sein, bleibt aber abzuwarten. Gut möglich, dass Roma in ihren klassischen Unternehmensbereichen wie Altmetallentsorgung auch im Ruhrgebiet erfolgreich sein werden. Aber die wirtschaftliche Situation im Ruhrgebiet ist natürlich schwierig. Wirtschaftlich sind hier viele in eine Falle geraten. Der Erwerbsbiografien von Migranten im Ruhrgebiet unterscheiden sich sehr stark von denen in anderen Regionen.

Eine Folge des Strukturwandels?
Strukturwandel ist im Ruhrgebiet ja immer, aber leider nicht so erfolgreich wie in anderen Regionen. Die normale Erwerbs- und Berufsentwicklung läuft bei Migranten immer fast gleich ab – egal aus welchem Land sie kommen: Die erste Generation steigt in einfache und nicht gut bezahlte Berufe ein. Die wirtschaftliche Lage ist unsicher. Die zweite Generation folgt beruflich der ersten, ist allerdings abgesicherter und investiert in die Bildung der dritten Generation, die dann zum sozialen und wirtschaftlichen Aufstieg ansetzt. Der großen Zuwanderung in den 1960er Jahren folgte der Wegfall

der Arbeitsplätze in ganzen Branchen des Ruhrgebiets: Bergbau, Stahl-, aber auch Textil- und später Lebensmittelindustrie. Die Kinder konnten nicht die Jobs ihrer Eltern übernehmen, weil deren Arbeitsplätze wegfielen.

Was den Aufstieg verzögerte ...
Ja, zwar sind die Qualifikationsniveaus der Nachkommen höher als in der ersten Generation, aber gleichzeitig sind die Qualifikationsanforderungen auf dem Arbeitsmarkt stärker angestiegen. Daher ist die berufliche Etablierung schwerer geworden. Aber der Aufstieg hat eingesetzt. Die Zahl der Jugendlichen mit Migrationshintergrund, die Abitur machen, steigt stark an. Auch an den Universitäten, vor allem aber an den Fachhochschulen nimmt ihre Zahl zu. Durch die wirtschaftlichen Schwierigkeiten des Ruhrgebiets hat sich der Aufstieg verzögert, aber er wurde nicht verhindert. Und politisch hat man erkannt, dass man aktiv etwas tun muss.

Was bedeutet das für die Zukunft des Ruhrgebiets? Wird es hier mehr gut qualifizierte Migranten geben?
Nein, das wird man nicht merken. Für diese Menschen gibt es im Ruhrgebiet keine Arbeit. Sie werden zu einem großen Teil in die wirtschaftlich stärkeren Regionen Deutschlands oder Europas abwandern. Eine Ingenieurin findet eher einen Job in München als in Essen – und wahrscheinlich ist der dann auch noch deutlich besser bezahlt. Das Ruhrgebiet kann ihnen nicht die Zukunft bieten, die sie erwarten. Hamburg, München, Stuttgart und Frankfurt schon.

Städte

Essen-Nord wird Universitätsviertel

Essen entdeckt den nördlichen Teil seiner Innenstadt neu

Der Norden der Essener Innenstadt hat eine bewegte Vergangenheit. Der Segeroth war früher einmal das Rotlichtviertel der Stadt, aber auch das einzige Quartier Essens, in das sich die Nazis nie in Uniform hineintrauten. Es wich in den 1960er Jahren dem Bau der Universität. Diese trennte dann über Jahrzehnte eine breite Bahnlinie von der Innenstadt. Obwohl die einzige Universität im Ruhrgebiet in Innenstadtlage, lebten Hochschule und Essen-Mitte eher neben- als miteinander. Und der nördliche Teil der Essener Innenstadt leerte

Durchs Tor zur Grünen Mitte.
Foto: EWG – Essener Wirtschaftsförderungsgesellschaft mbH

Neues Quartier mitten in der Stadt.
Foto: Hans Blossey

sich – nur noch wenige Hundert Menschen wohnten dort. Ein vergessener Stadtteil, Wohnungen standen leer, Flächen wurden zum Teil für Veranstaltungen genutzt, lagen jedoch den größten Teil des Jahres brach. Doch das ist Vergangenheit. 2009 verschwanden die Gleisanlagen und seitdem entsteht zwischen Universität und Essen-Mitte ein neuer Stadtteil: das Universitätsviertel. Wohnungen, Büros, Grünflächen und Wasser – das Viertel will Essens Grüne Mitte werden, bietet hochwertiges Wohnen und ein attraktives Arbeitsumfeld. Auf 13,3 Hektar werden neben 470 Wohnungen auch auf 60.000 Quadratmetern Flächen für Büros, Dienstleistungen und Gastronomie entstehen. Öffentliche Investitionen in Höhe von 26 Millionen Euro lösten private Investitionen von 164 Millionen Euro aus.

Ende 2012 waren alle Baugrundstücke vermarktet und die ersten Menschen zogen in das neue Quartier. Das Universitätsviertel erregte längst bundesweite Aufmerksamkeit und wurde von dem Fachmagazin *Immobilienmanager* 2013 in der Stadtentwicklung ausgezeich-

Eine Lücke im Stadtbild verschwindet.
Foto: EWG – Essener Wirtschaftsförderungsgesellschaft mbH

net. Die Jury hob »den auf langfristige städtebauliche Qualitäten hin orientierten Ansatz« der Entwicklung hervor.

»Hinzu kommen eine optimale Verkehrsanbindung und eine beispielhafte Mischung der unterschiedlichen Nutzungen Wohnen, Arbeiten und Freizeit.«

Die Veränderungen haben längst auf die alte, nördliche Innenstadt ausgestrahlt: War das Unperfekthaus bei seiner Gründung zu Anfang des Jahrhunderts noch ein einsamer Leuchtturm, hat der Wandel nun viele Stellen der Nordstadt erfasst. Eine Hausbesetzung im Sommer 2010 gab den Anstoß zur Gründung eines Künstlerhauses, des Atelierhauses Schützenbahn. Tattoo-Shops, unkonventionelle Boutiquen, Klubs und Kneipen ergänzen das Angebot.

Ist das Universitätsviertel dabei, die gute Adresse in der Essener Innenstadt zu werden, so ist die Nordstadt dabei, sich zu einem preiswerten, aber lebenswerten Viertel zu wandeln – ideal für die Studenten, die nur ein paar Meter entfernt zur Hochschule gehen.

Mit dem Wegfall der Gleisanlagen, die wie ein Sperrwerk die Stadt von der Universität trennten, wird die Hochschule künftig nicht nur räumlich näher an die Stadt rücken. Die Universität bietet seit ihrer Gründung beinahe täglich Veranstaltungen an, die für die gesamte Stadtgesellschaft von Interesse sind: Konzerte, Vorträge, Diskussionsveranstaltungen. Heute ist sie damit stärker als jemals zuvor in der Stadt präsent, denn nun gehört sie zu den Universitäten Deutschlands, die mit am nächsten an einer Innenstadt liegen.

Bochum –
Eine Uni zieht in die Stadt

Mit neun Hochschulen ist Bochum das Zentrum der akademischen Bildung im Ruhrgebiet. Die Ruhr-Universität Bochum zieht es nun auch in die Innenstadt.

EBZ Business School, Evangelische Fachhochschule Rheinland-Westfalen-Lippe, Folkwang Universität der Künste, FOM Hochschule für Oekonomie & Management, Hochschule Bochum, Hochschule für Gesundheit, Internationale Berufsakademie der F+U Unternehmensgruppe, Ruhr-Universität Bochum oder Technische Fachhochschule (FH) Georg Agricola – mit seinen neun Hochschulen bietet Bochum mit großem Abstand die größte Auswahl an Studiengängen und ist die Heimat von mehr Studenten, als jede andere Stadt im Ruhrgebiet vorzuweisen hat, und das spürt man in der Stadt: Ob im Bermuda3Eck, dem legendären Kneipenviertel der Stadt, im ROTTSTR5 Theater oder im Bahnhof – Studenten prägen das Bild der Stadt entscheidend mit.

Für die Bochumer Hochschulen galt das lange nicht. Während Bochum noch in den 1960er Jahren stolz damit warb, Universitätsstadt zu sein, setzte ab den 1970er Jahren ein Fremdeln zwischen Hochschulen und Stadt ein. Man lebte eher neben- als miteinander. Ein Zustand, den erst Bochums Oberbürgermeisterin Ottilie Scholz beendete. Sie erkannte das Potenzial der Hochschulen für Bochum und setzte auf die Bildungskarte. Dass Bochum eine vergleichsweise junge Bevölkerung hat, liegt an den Hochschulen – und längst sind diese auch wirtschaftlich von existenzieller Bedeutung für die Stadt: Der größte Arbeitgeber ist seit Jahren die Ruhr-Universität. Ohne

Haltestelle an der Ruhr-Universität Bochum
Foto: RUB

Bochums breite Hochschullandschaft hätte es nicht den Zuschlag des Landes für die Hochschule für Gesundheit gegeben, das Herzstück des Gesundheitscampus nahe der Ruhr-Universität. Auch viele Unternehmen siedeln sich in Bochum an, um von der Nähe zu den Hochschulen zu profitieren.

Nur in der Innenstadt waren die Hochschulen bislang kaum vertreten. Die Technische FH Georg Agricola war lange Zeit als Einzige in Bochum-Mitte zu finden. In den 1990er Jahren zog dann die Ruhr-Universität mit dem Institut für soziale Bewegungen (ISB) in das von dem Bochumer Historiker Klaus Tenfelde gegründete »Haus der Geschichte des Ruhrgebiets« in der Nähe des Schauspielhauses.

Nun zieht es auch die Ruhr-Universität in die Innenstadt – sie mietet in der Stadtbadgalerie 2.200 Quadratmeter und richtet zwei Hörsäle mit 200 und 400 Plätzen, eine Cafeteria sowie auf vier Etagen Büros und Seminarräume ein – insgesamt Platz für rund 2.500 Studierende.

Auch in der Rotunde, einem zu einem Kulturzentrum umgebauten Bahnhof am Rand des Bermuda3Ecks, ist die Ruhr-Universität präsent: Seit dem vergangenen Jahr ist auf dem Gelände der Kunstraum der Universität untergebracht, der sich in den nächsten Jahren zu einem

Veranstaltungszentrum wie die Kampnagel-Fabrik in Hamburg entwickeln soll.

Um die neue Nähe zwischen Hochschulen und Stadt zu präsentieren, wurde die Initiative UniverCity Bochum gegründet. Sie will Bochum als Wissenschaftsstandort vermarkten – im In- und Ausland, aber auch bei den Bochumer Bürgern, denen oft nicht bewusst ist, welche Bedeutung die Hochschulen für die Stadt haben und welches Potenzial für Bochums Entwicklung sie darstellen.

Audimax auf dem Bochumer Campus
Foto: RUB

Phoenix-See – Erfolg am Wasser

Über ein Jahrhundert bestimmte das Stahlwerk Hermannshütte das Leben im Dortmunder Stadtteil Hörde – bis auf dem Gelände das wohl spektakulärste Bauprojekt des Ruhrgebiets umgesetzt wurde.

Es war ein spektakuläres Bild, vor allem nachts: Immer wenn am Hochofen Phoenix der Hermannshütte Abstich war, wurde der ganze Stadtteil Hörde in oranges, warmes Licht getaucht. Die Hermannshütte bot nicht nur Arbeitsplätze für Tausende, lange bevor Hörde 1928 ein Stadtteil von Dortmund wurde – sie prägte den Lebensrhythmus Hördes.

Damit war es 2001 endgültig vorbei: Das Werk wurde stillgelegt, zum größten Teil nach China verfrachtet und dort wiederaufgebaut. Was die Chinesen nicht wollten,

Für viele Dortmunder ist der Phoenix-See ein beliebtes Ausflugsziel.
Foto: RVR

Eine belächelte Idee wurde Wirklichkeit.
Foto: RVR

wurde abgerissen. Dortmund hatte nun eine Brache mehr – zwei riesige Flächen, die gemeinsam fast Hörde-Mitte komplett umschlossen, warteten auf eine neue Nutzung.

Für die westliche Fläche entschied sich die Stadt für einen eher konventionellen Plan: Phoenix-West lag nahe der autobahnähnlich ausgebauten Bundesstraße 54, zur TU Dortmund war es auch nicht weit. Das Gelände bot sich als Gewerbegebiet an.

Für Phoenix-Ost hatte der damalige Oberbürgermeister Gerhard Langemeyer einen anderen Plan: Hier sollte um einen künstlichen See herum ein neues, attraktives Wohngebiet entstehen. Einfamilien- und Doppelhäuser – alle mit Blick auf den See.

Als Langemeyer im Jahr 2000 mit seiner Vision von einem Wohngebiet um einen 30 Hektar großen See an die Öffentlichkeit ging, schüttelten nicht wenige die Köpfe. Auch wenn Experten erklärten, technisch sei das alles möglich – an die Verwirklichung von Langemeyers Traum glaubten nur wenige. Das lag nicht nur an der mangelnden Vorstellungskraft – immerhin stand damals noch das Stahlwerk –, sondern auch an der lange Zeit unklaren Finanzierung.

Langemeyer und die Stadt Dortmund nutzten jede Möglichkeit, den Phoenix-See zu finanzieren – unter anderem flossen Landesmittel und Geld aus der EU in das Projekt. Immer wieder verzögerten sich die Finanzierung und der Bau. 2006 sollte der See geflutet werden – es sollte bis zum 1. Oktober 2010 dauern, bis aus der Baugrube ein See wurde.

Die Probleme und Verzögerungen, die Mühe, die hinter diesem Projekt steckt, sieht man dem Phoenix-See heute nicht mehr an. Nach seiner Freigabe 2011 entwickelte er sich schnell zu einem der beliebtesten Naherholungsgebiete der Stadt. Die attraktivsten Grundstücke sind längst vergeben. Tausende flanieren heute bei gutem Wetter um den See oder genießen von der Promenade aus die Aussicht auf den See und den kleinen Yachthafen.

So beliebt ist der Phoenix-See, dass er im vergangenen Sommer für Ärger sorgte: Anwohner fühlten sich von feiernden Jugendlichen in ihrer Nachtruhe gestört. Sie wünschten sich mehr Ruhe – ein Wunsch, der nicht in Erfüllung gehen wird. Dass der Phoenix-See auch zu einem Treffpunkt für Jugendliche aus Hörde geworden ist, erklärten Stadtplaner, sei ein Zeichen des Erfolgs. In Düsseldorf sei das auch nicht anders – Wasser ziehe nun einmal die Menschen an.

Der See zieht Investoren an.
Foto: RVR

InnovationCity Ruhr
Klimagerechter Stadtumbau in der Modellstadt Bottrop

Seit knapp drei Jahren ist Bottrop Modellstadt für die InnovationCity Ruhr. Ziel des Gesamtprojekts ist es, einen klimagerechten Stadtumbau bei gleichzeitiger Sicherung des Industriestandortes in Bottrop voranzutreiben. Konkret sollen dazu die CO_2-Emissionen um 50 Prozent verringert und die Lebensqualität gesteigert werden. Die inzwischen über 125 Einzelprojekte der InnovationCity Ruhr können den Handlungsfeldern Wohnen, Arbeiten, Mobilität, Energie, Stadt und Aktivierung zugeordnet werden. Ein Großteil davon befindet sich in der Umsetzungsphase und einige Projekte konnten bereits abgeschlossen werden.

Das Erreichen der konkreten Einsparziele kann nur gelingen, wenn alle partizipierenden Anspruchsgruppen konstant in das Gesamtprojekt eingebunden werden. Hierzu gehören ein Team von eigenen Mitarbeitern

Bottrop gewann den Wettbewerb um die InnovationCity Ruhr im November 2010.
Foto: Stadt Bottrop

in der InnovationCity Management GmbH sowie Mitarbeiter der Stadt und aus der Industrie. Die Managementgesellschaft versteht sich dabei als Plattform und Moderator, um alle Gruppen zusammenzubringen und somit neue Partnerschaften und Projekte zu entwickeln und zu fördern.

Energiewende von unten

Das Kernkonzept, mit dem die Ziele der InnovationCity Ruhr erreicht werden sollen, lässt sich unter dem Titel »Energiewende von unten« zusammenfassen. Einzelne Gebäude werden energetisch saniert und mit Anlagen zur Strom- und Wärmeerzeugung ausgestattet. Eine kombinierte Nutzung verschiedener Technologien, wie z. B. Photovoltaik, Wärmepumpen und Stromspeichern, kann so sicherstellen, dass sich ein Haus fast ausschließlich autark versorgt. Die dabei gewonnene Energie kann auch durch intelligente Vernetzung und Energiemanagementsysteme an umliegende Gebäude weiterverteilt werden. Diese Vernetzung bis zu der Ebene ganzer Stadtquartiere führt dazu, dass Energie lokal erzeugt und auch verbraucht werden kann. So sinkt der Energieverbrauch einzelner Nutzer und die dezentrale Energieerzeugung wird gesteigert.

Engagement der Bottroper Bevölkerung

Insbesondere das Engagement der Bottroper ist gefragt, da in Wohnhäusern ein enormes Sanierungs- und damit auch Energiesparpotenzial liegt. Hier bietet das Projekt für Interessenten Hilfestellungen an:

    Bottroper Bürger können im Rahmen von individuellen, kostenlosen Beratungsgesprächen mit Ener-

Stromtankstelle – saubere Zukunftsenergie
Foto: Stadt Bottrop

gieberatern der InnovationCity Ruhr erfahren, welche Sanierungsmaßnahmen an ihrem Gebäude sinnvoll durchgeführt und welche Fördermittelprogramme dazu genutzt werden können. Bis heute wurden über 1.200 dieser Erstberatungen durchgeführt. In einer folgenden Umsetzungsberatung können die Bürger sich ebenfalls kostenlos von freien Energieberatern aus dem Partnernetzwerk beraten lassen, wie konkret energetische Sanierungsmaßnahmen durchgeführt werden können. Darüber hinaus bietet die InnovationCity Ruhr kostenlose Informationsveranstaltungen zu sanierungsrelevanten Themen an.

Innovation erleben

Die Inhalte des Projekts InnovationCity Ruhr beschränken sich nicht nur auf Strategien, Planungsprozesse und Beratungsangebote. Unter den 125 Einzelprojekten sind zahlreiche Vorhaben, die konkret veranschaulichen, wie

Energie und CO_2-Emissionen eingespart und auf deren Basis neue technologische Standards entwickelt werden können.

Ein beispielhaftes Leuchtturmprojekt ist der Bau der Bottroper »Zukunftshäuser«. Bei diesem Projekt werden zusammen mit den Hauptwirtschaftspartnern RWE Effizienz GmbH, Vivawest Wohnen GmbH und Bayer MaterialScience drei Bestandsgebäude aus den Kategorien Einfamilienhaus, Mehrfamilienhaus und Geschäftshaus zu Plus-Energie-Häusern umgebaut. Die in einem deutschlandweit einzigartigen Wettbewerb ausgewählten Häuser erzeugen nach dem Umbau mehr Energie, als ihre Nutzer im Gebäude verbrauchen. Energieüberschüsse werden ins Netz eingespeist und können in einem nächsten Schritt zum Laden von Elektrofahrzeugen genutzt werden. Das RWE-Zukunftshaus konnte bereits im Juli 2013 fertiggestellt werden, die Arbeiten an den beiden anderen Zukunftshäusern werden voraussichtlich zum Jahresbeginn 2014 abgeschlossen.

Hinzu kommen weitere Demonstrationsprojekte, wie unter anderem der Einbau von 100 modernen Mikro-KWK-Anlagen in Wohn- und Industriegebäude. Ziel dieses Projekts ist es, die Anlagen im Alltagsgebrauch zu testen und ihren Betrieb im Blick auf die Einsparung von fossilen Energieträgern und somit die Reduzierung von CO_2-Emissionen zu optimieren. Darüber hinaus existieren noch zahlreiche weitere Einzelprojekte, wie die bundesweit energieeffizienteste ARAL-Tankstelle im Pilotgebiet, ein mit intelligenter Hausautomation ausgestatteter Kindergarten oder ein Verleihsystem für E-Fahrzeuge und vieles mehr. Eine Übersicht zu allen Einzelprojekten gibt es unter www.icruhr.de.

Ergebnisse übertragbar machen

Der ganzheitliche Ansatz ist ein integraler Bestandteil der InnovationCity Ruhr. Ein klimagerechter Stadtumbau kann demnach nur bei gleichzeitiger Berücksichtigung des Zusammenwirkens verschiedener technischer, sozialer und wirtschaftlicher Aspekte gelingen. Dementsprechend müssen die einzelnen Projekte zur inhaltlichen Abstimmung und zur Nutzbarmachung von Synergieeffekten in einen Gesamtrahmen eingebunden werden. Hierfür wird ein übergeordneter Masterplan mit einem konkreten Fahrplan zur Definition der nächsten Projektschritte entwickelt. Damit werden in einem strukturierten Planungsprozess die Grundlagen für die Umsetzung des Projekts bis zum Jahr 2020 und darüber hinaus gelegt. Auch die Bottroper Bürgerschaft kann sich an verschiedenen Stellen an diesem Prozess beteiligen und so ihre Ideen und Visionen einbringen. Ein Vorentwurf des Masterplans konnte bereits im September 2013 vorgestellt werden.

Bottrops Oberbürgermeister Bernd Tischler erklärt Besuchern die Idee hinter InnovationCity.
Foto: Stadt Bottrop

In einem darauf aufbauenden Innovationshandbuch soll am Beispiel der Stadt Bottrop gezeigt werden, welche konkreten Arbeitsschritte, Verfahren, Methoden, Werkzeuge und Organisationsstrukturen notwendig sind, um den nachhaltigen Stadtumbau im Bestand zu betreiben. Informations- und Erkenntnistransfer sind damit gewährleistet. Der Anspruch der InnovationCity Ruhr, als Modellstadt Vorreiter für den klimagerechten Stadtumbau zu sein, zeigt sich so insbesondere in der Gewährleistung der Übertragbarkeit.

Römer und Wassersport
Ob Römerlager oder Wassersport – Xanten gehört zu den beliebtesten Ausflugszielen des Ruhrgebiets

Der Archäologische Park Xanten ist in Deutschland einzigartig: Auf einer Fläche von 60 Hektar kann man hier auf den Spuren der Römer wandeln. Die hatten die aus dem noch vor unserer Zeitrechnung gegründeten Römerlager Vetera hervorgegangene Siedlung zur Colonia Ulpia Traiana erhoben und komplett neu errichtet.

Nachdem sie im vierten Jahrhundert aufgegeben worden war, wird seit 1975 daran gearbeitet, die Ruinen frei zu legen und einzelne Gebäude neu aufzubauen. So kann römisches Leben nachvollzogen werden: Die Stadtmauer mit Wehrtürmen, das große Hafentor, das Amphitheater, der Hafentempel, das Burginatiumtor und eine Kornmühle – das alles kann man erlaufen und anfassen und so ein Gefühl für die Größe der Stadt und den römi-

Römische Stadtmauer
im Archäologischen Park
Xanten
Foto: LVR/Axel Thünker

schen Alltag gewinnen. Über die historischen Hintergründe informiert ausführlich das Römermuseum, das wie der Archäologische Park vom Landschaftsverband Rheinland betrieben wird.

Es präsentiert in seiner Dauerausstellung 400 Jahre römisches Leben in Xanten, bietet aber auch immer wieder Sonderausstellungen: Vom 16. Mai bis zum 7. September 2014 wird die Ausstellung »An den Grenzen des Reiches« über die Grabungen im Xantener Legionslager am Vorabend des Ersten Weltkrieges informieren.

Doch Xanten hat auch historisch mehr zu bieten als Römer: Das SiegfriedMuseum Xanten widmet sich den Nibelungen, deren Geschichte in Xanten begann, und zeigt den Wandel und die Bedeutung der Sage von der Zeit der Völkerwanderung über das Mittelalter bis in die Gegenwart hinein.

Doch auch abseits der historischen Pfade kann man in Xanten seinen Spaß haben – in einer im Ruhrgebiet einzigartigen Freizeit- und Wassersportanlage, dem Freizeitzentrum Xanten. Dieses wird gemeinsam von der Stadt Xanten, dem Kreis Wesel und dem Regionalverband Ruhr betrieben. Auf zwei Seen, der Xantener Nord- und Südsee, werden zahlreiche Wassersportan-

Der Archäologische Park ist ein beliebtes Ausflugsziel.
Foto: LVR/Axel Thünker

Marschierende Legionäre
Foto: LVR/Axel Thünker

gebote vom Schwimmen über Segeln, Windsurfen und Wasserski bis hin zu Tauchen und Angeln angeboten. Wer es lieber ruhig angehen lässt, kann mit dem Fahrgastschiff »Seestern« Rundfahrten auf der Xantener Nordsee unternehmen.

Im Sommer warten Sandstrände und zahlreiche Strandkörbe auf die Besucher, die hier mitten im Binnenland etwas Meer-Gefühl erleben können.

Die verschiedenen Angebote haben dafür gesorgt, dass der Tourismus in Xanten wie in kaum einer anderen Stadt im Ruhrgebiet zu einem echten Wirtschaftsfaktor geworden ist und rund um das Jahr Besucher anlockt.

In Xanten kann man den römischen Alltag kennenlernen.
Foto: LVR/Axel Thünker

Zuwanderung nach Duisburg
von Stefan Laurin

Duisburgs Ruf als Industriestadt hat in den vergangenen Jahren zu einem starken Zuzug vor allem von Roma aus Rumänien und Bulgarien gesorgt. Oft verzweifelte Menschen hoffen auf Arbeit und eine Zukunft für ihre Kinder. Die Stadt Duisburg geht auf die Menschen zu und versucht sie zu integrieren.

Über 7.000 Menschen aus Bulgarien und Rumänien sind in den vergangenen Jahren nach Duisburg gezogen und die Stadt rechnet damit, dass ihre Zahl 2014 weiter steigen wird, wenn den Bürgern der beiden EU-Mitgliedstaaten die volle Freizügigkeit zusteht und ihnen auch der Zugang zum Arbeitsmarkt offensteht. Bislang ist es Bulgaren und Rumänen nur erlaubt, einer freiberuflichen Tätigkeit nachzugehen.

Es ist Duisburgs Ruf als Industriestadt, der die Menschen anzieht. Die Stadt gilt bei vielen Rumänen und Bulgaren als wirtschaftliches Zentrum, das viele

Bürgertreff in Hochfeld
Foto: RVR

Arbeitsplätze zu bieten hat. Dass Duisburg eine hohe Arbeitslosigkeit und gerade schlecht Qualifizierte Probleme haben, Jobs zu finden, stellen viele erst fest, wenn sie in Duisburg sind. Duisburgs Oberbürgermeister Sören Link:

> »Im nächsten Jahr rechnen wir mit einer Mehrbelastung des Haushaltes von bis zu 15 Millionen Euro, weil die Zuwanderer aus Rumänien und Bulgarien ab 1. Januar 2014 ein Anrecht auf Sozialleistungen haben. Duisburg muss dabei die Kosten der Unterkunft tragen. Das kann diese Kommune, die sich verpflichtet hat, in zehn Jahren keine Schulden mehr zu machen, nicht mehr alleine stemmen.«

Schon 2011 hat der Rat der Stadt Duisburg einen Handlungsplan verabschiedet, um die Roma zu integrieren. Vor allem Bildung und die Gesundheit der Kinder stehen im Mittelpunkt. Doch die Kosten von 18 Millionen Euro für die Umsetzung des Plans kann die Stadt nicht allein tragen. Das Land hat im Sommer 2013 zusätzliche Mittel in Höhe von sieben Millionen Euro zur Verfügung gestellt, Duisburg selbst eine Million, aber es bedarf der Hilfe des Bundes und der EU, um den Men-

Hochfelds Mitte
Foto: RVR

Die Stadt will in Hochfeld helfen. Foto: RVR

schen in Duisburg zu helfen und zu verhindern, dass die Konflikte zwischen Zuwanderern und den bereits in Duisburg Lebenden zunehmen. Bislang sind es vor allem Rechtsextremisten von außen, die versuchen, ihr politisches Süppchen zu kochen. Gruppen wie der »Klüngelclub«, ein Zusammenschluss von Vermietern und Geschäftsleuten aus Duisburg-Hochfeld (neben Rheinhausen-Bergheim der Stadtteil, der am stärksten von Zuwanderern betroffen ist), nehmen an Protesten gegen rechte Gruppierungen teil und haben »Verständnis dafür, dass sich die Armutsflüchtlinge aus Südosteuropa in Bergheim und Hochfeld niederlassen«. Nur wie alle politischen Akteure in Duisburg verlangen auch die Vermieter mehr Engagement des Staates bei der Bewältigung der Probleme.

Und die sind groß: Es stehen nicht genug Lehrer für die Zuwandererkinder zur Verfügung, viele leben in überbelegten Wohnungen, wo sie oft Hunderte Euro nur für einen Matratzenplatz ausgeben, die gesundheitliche Versorgung ist oft mangelhaft – aber so groß das Elend auch ist: Die Lebenssituation vor allem vieler Roma in Bulgarien und Rumänien ist um so viel schlimmer, dass vielen von ihnen ein Leben in Armut in Duisburg noch immer als das bessere Los vorkommt, als in ihren Herkunftsländern in Gettos zu vegetieren.

Der Gasometer lässt Christo keine Ruhe
von Jeanette Schmitz

Mit der Installation Big Air Package hat Christo zum zweiten Mal ein Projekt für den Gasometer Oberhausen geschaffen. 1999 errichteten Christo und Jeanne-Claude im gewaltigen Luftraum des Gasometers aus 13.000 Ölfässern The Wall. Diese »Mauer« mit ihren Ausmaßen von 26 Metern Höhe, 68 Metern Breite und 7 Metern Tiefe machte die gewaltigen Raumdimensionen des ehemaligen Gasspeichers erlebbar. Von unten nahm der Besucher The Wall als monumentale Skulptur wahr – ganz anders der Eindruck nach einer Fahrt mit dem gläsernen Panoramaaufzug aus 100 Metern Höhe: Die farbigen Fässer bildeten ein fröhlich freches Ausrufezeichen in dem seidenmatten Schwarz der Industriekathedrale. 390.000 Besucher begeisterten sich damals an The Wall – und erstmals nahm auch die internationale kulturinteressierte Öffentlichkeit den Gasometer Oberhausen als eines der außergewöhnlichsten Ausstellungsgebäude Europas wahr.

Fünf Jahre zuvor, 1994, war der 1929 erbaute Scheibengasbehälter im Rahmen der Internationalen Bauausstellung Emscher Park in eine Ausstellungshalle umgebaut worden. Mit dem behutsamen Umbau des Gasometers in eine Kulturstätte ist es gelungen, das Gebäude als Zeugnis einer industriellen Entwicklung zu erhalten und gleichzeitig eine aufregende Zukunftsperspektive zu eröffnen. Heute ist der Gasometer ein bedeutender Ankerpunkt auf der Europäischen Route der Industriekultur.

Bedeutende kunst- und kulturgeschichtliche Ausstellungen wie »Feuer und Flamme« (1994/95), »Der Ball ist

Jeanette Schmitz ist Geschäftsführerin der Gasometer GmbH in Oberhausen.

rund« (2000), »The Wall« (1999) »Blaues Gold« (2001/02), »Sternstunden« (2009/10) und »Magische Orte« (2011/12) haben in der Industriekathedrale unterschiedliche Akzente gesetzt und ein Millionenpublikum mit Begeisterung erfüllt.

2012 überraschte die Nachricht, dass Christo sich dem Gasometer ein zweites Mal widmen würde, denn noch nie zuvor waren Christo und Jeanne-Claude zweimal an einem Ort künstlerisch tätig. Offensichtlich hat der Umgang mit dem gigantischen Raum auch den Weltkünstler Christo infiziert.

Fotos:
Wolfgang Volz

Der grüne Norden
Das nördliche Ruhrgebiet ist einen Ausflug wert

Bereits vor 2000 Jahren war das nördliche Ruhrgebiet vor allem bei Südeuropäern ein beliebtes Reiseziel. Die Bürger Roms waren so von Landschaft an Lippe und Rhein angetan, dass sie in Haltern sogar sechs Stützpunkte mit einem eigenen Hafen gründeten. Nachdem die Römer kurz nach Beginn unserer Zeitrechnung wieder zurück ans Mittelmeer gingen, verlor die Region eine Zeit lang ihre Bedeutung als touristische Destination, um sie nun, gut zwei Jahrtausende später, zu erneuern: Tourismus soll im Kreis Recklinghausen wieder zu einem Wirtschaftsfaktor werden. Die Region, vor allem Städte wie Haltern und Dortmund, können dabei an eine lange Tradition als Ausflugsorte anknüpfen. Das Waldgebiet Haard in Haltern sowie der Stausee sind schon lange beliebte Ziele für Spaziergänger, Radler und Segler. Das Strandbad Halterns zieht im Sommer Badegäste aus dem ganzen Ruhrgebiet an.

Die Lippe in Haltern
Foto: RVR

Grüne Lunge des Ruhrgebiets: die Haard
Foto: RVR

Die Römer-Lippe-Route führt auf 400 Kilometern entlang der Lippe von Detmold bis Xanten, dem längsten Fluss Nordrhein-Westfalens. Eine ideale Strecke für mehrtägige Radtouren, aber auch für Tagestouren durch den Kreis Recklinghausen: Sie führt hier von Waltrop über Datteln nach Haltern am See und weiter durch Marl und Dorsten die Lippe entlang Richtung Wesel.

Die Reitarena Haard bietet auf 250 Kilometern Reitwege durch die Haard. Diese gehört mit 55 Quadratkilometern zu den größten zusammenhängenden Waldgebieten des Ruhrgebiets und hat eine ganz besondere, ruhrgebietstypische Geschichte: Um 1800 war die Haard eine öde Sandfläche – dann begann die Wiederaufforstung. Der Bergbau brauchte Holz – und so entstand einer der schönsten und märchenhaftesten Wälder des Ruhrgebiets auf einer sanften Hügellandschaft.

Noch im Werden ist eine dritte Route. Nirgendwo im Ruhrgebiet finden sich mehr und größere Halden als im Kreis Recklinghausen. Die meisten von ihnen sind seit Jahren begrünt und wurden nach und nach der Öffentlichkeit zugänglich gemacht. Die berühmteste Halde ist sicherlich Hoheward in Recklinghausen, deren Horizontobservatorium weithin sichtbar ist und von deren Spitze man einen atemberaubenden Blick auf das ganze Ruhrgebiet hat.

Die verschiedenen Halden sollen nun in ein neues Bergwanderkonzept eingebunden werden. Das »Haldenhopping« umfasst neun verschiedene Routen, zu sehen gibt es für die Wanderer nicht nur die zum Teil außergewöhnlichen Pflanzen und Tiere, die sich dort niedergelassen haben, sondern auch die unterschiedlichen Formen der Bergehalden: Sie sind als Plateau-, Tafel-, Spiralberg, Vulkan, Spitzkegel oder auch als Landschaftsbauwerk kunstvoll erschaffene, inzwischen meist »grüne Berge«.

Der Reittourismus wächst im Kreis Recklinghausen.
Foto: Gabriele Eichenberger

Stadt ans Wasser

In Mülheim war die Innenstadt schon immer stark mit der Ruhr verbunden. Den Rücken hat Mülheim, anders als viele andere Städte, dem Fluss nie zugedreht. Nun wird ein Quartier an der Ruhr zum zentralen Zukunftsprojekt der Stadt: Ruhrbania.

Es ist über zehn Jahre her, dass in Mülheim die Diskussion über Ruhrbania, ein neues Quartier am Wasser, begann. 2001 begann die Stadt damit, das Projekt auf den Weg zu bringen, 2006 stellten sich 69 Mülheimer Persönlichkeiten, darunter die heutige Ministerpräsidentin Hannelore Kraft, Theater-Chef Robert Ciulli und die Unternehmerin Gabriela Grillo in einer Anzeige hinter die Idee von Ruhrbania und forderten gemeinsam: »Mit der Ruhrpromenade gibt sich Mülheim an der Ruhr ein neues, anziehendes Gesicht. Die neue Ruhrpromenade, das ist Wohnen, Arbeiten und Erleben am Wasser! Unsere Innenstadt wird mit der geplanten Ruhrprome-

Blick auf die neu gestaltete, aber noch im Bau befindliche Ruhrpromenade mit Marina
Foto: Tuxyso Lizenz: CC 3.0

nade bis an den Fluss erweitert, attraktiver und erlebnisreicher. Und das nicht nur für Menschen, die in dem neuen Quartier an der Ruhr wohnen und arbeiten, sondern insbesondere für die Besucher unserer Innenstadt. Der Impuls durch die Ruhrpromenade wird darüber hinaus private Investitionen in unsere Stadt bringen, die bauliche Qualität sowie die Verkehrsführung der Innenstadt nachhaltig verbessern und neue Perspektiven für den Mülheimer Arbeits- und Ausbildungsmarkt schaffen.«

Neue Arbeitsplätze, die Behebung von Fehlplanungen im Verkehrsbereich, attraktive, neue Wohnungen und Geschäfte – das alles sollte das neue Quartier zwischen Konrad-Adenauer- und Schloss-Brücke bringen.

Nun, 2013, ist Ruhrbania noch lange nicht fertig, aber auf einem guten Weg: 48 Miet- und 52 Eigentumswohnungen werden ab 2014 errichtet, am Hafenbecken haben die ersten Restaurants eröffnet, und abschnittsweise entsteht eine neue Promenade am Fluss.

Mit Ruhrbania will Mülheim seine Attraktivität steigern und seine Stellung als Wirtschaftstandort sichern. Das Projekt war auch eine Reaktion auf drei Ereignisse, die viele in der Stadt schockierten: Der IT-Hersteller Medion verlegte seine Unternehmenszentrale nach Essen, Lekkerland zog es nach Oberhausen und Stinnes nach Berlin.

Es war über die Parteigrenzen klar, dass Mülheim nun ein Zeichen über seine Grenzen hinaus setzen musste – und dieses Zeichen ist Ruhrbania, eines der größten städtebaulichen Projekte Mülheims der vergangenen Jahre.

Gelsenkirchen:
Kinder sind Zukunft

Die Stadt Gelsenkirchen muss sparen und setzt in Zeiten knapper Kassen Zeichen: Hier wird kein Kind zurückgelassen.

Das Geld ist knapp in Gelsenkirchen. Die Stadt spart, um sich einen letzten Rest kommunaler Unabhängigkeit zu bewahren. Schlagzeilen wie in der Vergangenheit, als Artikel über Gelsenkirchen mit Zeilen wie »Verblühende Landschaften West« überschrieben waren, will man nicht wieder lesen. In kleinen Schritten wird konsolidiert, werden Erfolge sichtbar, wie die Renovierung des Hans-Sachs-Hauses, des wohl schönsten Rathauses des Ruhrgebiets, Musterbeispiel für das Backstein-Bauhaus, das architektonisch die 20er-Jahre des vergangenen Jahrhunderts im Ruhrgebiet prägte.

Aber bei allen Bemühungen, die Haushaltsprobleme in den Griff zu bekommen – in einem Bereich wird in Gelsenkirchen nicht gespart: bei Kindern und Jugendlichen. Wenn andere Ruhrgebietsstädte ihre verbliebenen finanziellen Spielräume nutzen, um repräsentative Kulturgebäude zu errichten, gibt es in Gelsenkirchen Gutscheine für die Stadtbücherei, kostenlose Beratungen für junge Eltern und ein dichtes Netz an Hilfsangeboten für Familien – kurz: Hier werden Erziehung und Bildung als Schlüssel für erfolgreiche Gelsenkirchener Biografien definiert. Die Familien erhalten nach der Geburt eines Kindes Besuch von der Stadt: Die Mitarbeiter informieren über Betreuungsangebote, geben Ernährungstipps für Kinder und liefern Informationen zu Themen wie Überschuldung oder Gewalt in der Familie – auf Deutsch, Türkisch und Russisch.

Damit endet das Engagement der Ruhrgebietsstadt jedoch noch nicht: Mit »Gesund beginnt im Mund – Zähneputzen macht Schule« leistet die Stadt gemeinsam mit verschiedenen Partnern einen wichtigen Beitrag zur Zahngesundheit von Kindern. »Gelsenkirchen bewegt seine Kinder – Jedes Kind kann schwimmen lernen« ist ebenso wichtiger Bestandteil der Gelsenkirchener Präventionskette wie das museumspädagogische Angebot »Das Museum kommt zu Dir in den Stadtteil«.

Gelsenkirchen bietet zudem Kindertagesstätten, die bereits um 6 Uhr morgens öffnen und erst am Abend um 20 Uhr schließen – ein flexibles Angebot, abgestimmt auf die Bedürfnisse arbeitender Eltern, die oft Probleme haben, ihr Berufsleben auf die herkömmlichen, starren Öffnungszeiten von Kinderbetreuungseinrichtungen abzustimmen. Für Gelsenkirchens Oberbürgermeister Frank Baranowski sind die Ausgaben, die seine Stadt für diese Maßnahmen stemmt, Investitionen in die Zukunft der Stadt:

Gelsenkirchens Oberbürgermeister Frank Baranowski
Foto: Stadt Gelsenkirchen

»Es sind schon Familien nach Gelsenkirchen gezogen, weil bei uns die Betreuungsangebote besser als in den Nachbarstädten sind. Und auch weil wir uns viel Mühe geben, passende Wohnungsangebote für Familien zu machen.«

Aber es geht Baranowski auch um den Wirtschaftsstandort:

»Wenn wir in Zukunft weniger schwache Schulabbrecher haben und ein gutes Betreuungsangebot, sind wir auch für Unternehmen interessant.«

Doch für ihn ist all das auch eine Frage der Gerechtigkeit:

»Es ist leider immer noch so, dass es von Herkunft, Bildungsgrad und Reichtum der Eltern abhängt, wie sich ein Kind entwickelt, wie gesund es ist, welche Bildungs- und damit auch welche Zukunftschancen es hat. Wir wollen gegen diesen Skandal anarbeiten.«

Auch die Landesregierung ist längst auf die Initiativen Gelsenkirchens aufmerksam geworden. Im Modellvorhaben »Kein Kind zurücklassen«, das die Landesregierung gemeinsam mit der Bertelsmann Stiftung 2011 startete, stecken viele Ideen aus Gelsenkirchen.

Hochschulstandort Hamm

Seit 2005 ist Hamm Hochschulstandort. Für die östlichste Stadt des Ruhrgebiets bietet das neue Chancen, die sie mit viel Energie ergreift.

1.800 junge Menschen studieren in Hamm – das ist nicht viel, aber ihre Zahl steigt. Erst 2005 wurde die erste Hochschule in Hamm gegründet: Die SRH Hochschule für Logistik und Wirtschaft war eine passende Ergänzung zum wirtschaftlichen Profil Hamms: Die Stadt und das Umland sind einer der wichtigsten Logistikstandorte des Ruhrgebiets. Durch die Ansiedlung der Hochschule wurde dieses Profil gestärkt und aufgezeigt, dass die Logistikbranche auch hochwertige Arbeitsplätze bietet. Heute studieren knapp 600 Nachwuchskräfte in dem Gebäude des Heinrich-von-Kleist-Forums. Drei Bachelor- und drei Masterstudiengänge bietet die SRH an: Wirtschaftingenieur Logistik, Wirtschaftsingenieur Energiewirtschaft und Betriebswirtschaftslehre sowie Logistics Management, Supply Chain Management und Energy Management.

Später (2009) gestartet, aber mittlerweile deutlich größer ist die Hochschule Hamm-Lippstadt (HSHL). Die Schwerpunkte der Hochschule sind Mathematik, Informatik, Naturwissenschaften und Technik. Sie hat heute 2.300 Studierende, knapp die Hälfte davon allein in sieben Studiengängen in Hamm. Um sie bewarb sich Hamm gemeinsam mit der Stadt Lippstadt. Die Bewerbung unter dem Arbeitstitel »Fachhochschule Hamm-Lippstadt« wurde in einem landesweiten Wettbewerb des Innovationsministeriums NRW als bestes Konzept ausgewählt. Ein Erfolg, der zeigt, wie wichtig der Stadt der Ausbau der Hochschulbildung ist. Oberbürgermeister Thomas Hunsteger-Petermann:

»Die Hochschulen sind eine wesentliche Säule für die Ausrichtung unserer Stadt. Beide Hochschulen erfreuen sich großer Beliebtheit und steigender Zahlen – wobei die HSHL natürlich mit dem neuen Campus-Gelände Maßstäbe setzt.«

Ziel der Stadt ist es, junge Menschen nach dem Studium in Hamm zu halten, und so wird auch an anderen Rahmenbedingungen gearbeitet wie Kinderbetreuung und Schulen. Wichtig aber ist vor allem das Arbeitsplatzangebot:

»Gerade für junge Familien ist unsere Stadt sehr attraktiv. Dafür müssen die guten Ideen aus unseren Hochschulen in den kommenden Jahren auf dem Arbeitsmarkt ankommen: entweder durch Kooperationen mit heimischen Unternehmen oder durch neue Gründungen. Dadurch fördern wir hoch qualifizierte Fachkräfte und die Ansiedlung innovativer Unternehmen, von denen wir in einigen Jahren und Jahrzehnten profitieren werden. Dieser Schritt ist nicht für die Entwicklung des Hochschulstandortes extrem wichtig – sondern auch für die Entwicklung der gesamten Stadt.«

Die SRH ist eine Erfolgsgeschichte.
Foto: RVR

Herne – Blick in die Vorzeit des Ruhrgebiets

Vor zehn Jahren öffnete das einzige archäologische Museum des Ruhrgebiets in Herne. Es gewährt Einblicke in die Geschichte des Ruhrgebiets, die weit vor die Industrialisierung zurückreicht.

Schon vor 250.000 Jahren lebten Menschen in dieser Region. Das Archäologische Museum in Herne zeigt anhand von Fundstücken einen Querschnitt durch die

Das Archäologie-Museum am Europaplatz in Herne
Foto: LWL

Regionalgeschichte von der Frühzeit bis zur Gegenwart.

Als das Museum 2003 gegründet wurde, waren nicht alle von der Idee begeistert, das Museum zu bauen, erinnert sich die Kulturdezernentin des Landschaftsverbandes Westfalen-Lippe (LWL) Dr. Barbara Rüschoff-Thale, die damals Gründungsdirektorin war:

> »Nicht jeder in Westfalen war anfangs überzeugt, dass die 28,6 Millionen Euro Baukosten in Herne gut angelegt sind.«

Die Stadt war schließlich kein klassischer Museumsstandort wie Essen und das Museumskonzept neu und anspruchsvoll: Der Großteil des Museums liegt unterirdisch, der Museumsbau aus roten Klinkern ist schlicht und massiv und nach wie vor eines der avanciertesten Gebäude Hernes. 2011 kamen 65.400 Besucher in das Museum. 2012 war ein Ausnahmejahr: Wegen umfangreicher Renovierungsarbeiten der Dauerausstellung kamen nur 41.200 Besucher. In den ersten zehn Jahren konnte das Museum bei über 800.000 Menschen das Interesse an Archäologie wecken.

Neben Sonderausstellungen wie »Schädelkult – Mythos und Kult um das Haupt des Menschen«, klassischen Konzerten und Vorträgen begeistert vor allem die Dauerausstellung die Besucher. Sie ist in vier Hauptthemenbereiche aufgeteilt: Klima, Zeit, Schrift und Sexualität sind eigene Räume gewidmet. In ihnen werden Exponate aus der Region ausgestellt, die von dem Leben vergangener Zeiten berichten und einen Bogen von der Gegenwart bis in die Vorzeit schlagen.

Die Ausstellung »AufRuhr 1225« war nicht nur ein Höhepunkt in der noch kurzen Geschichte des Museums, sondern auch einer der Höhepunkte der Kulturhauptstadt RUHR.2010. Vor dem Museum war eine Motte, ein mittelalterlicher Holzturm, errichtet worden. Mit der Ausstellung wurde die Geschichte eines Verbrechens erzählt, das das Ruhrgebiet bis heute prägen sollte: der Mord an Erzbischof Engelbert von Köln im November 1225 durch seinen Verwandten Friedrich von Isenberg. Der Mord war der Anfang einer Folge von Kriegen und Fehden, führte zum Aufstieg und Untergang von Adelsgeschlechtern. Sichtbares Zeichen ist die gewaltige Ruine der geschliffenen Isenburg auf den Ruhrhöhen in Hattingen.

Grabhügel aus Höxter
Foto: LWL

Im kommenden Jahr wird das Archäologische Museum im Zeichen Vietnams stehen – Herne wird die erste Station der Schau »Schätze des aufsteigenden Drachen – Archäologie des Kaiserreichs Vietnam« sein, die später auch in Chemnitz und Mannheim gezeigt werden wird.

Nur eine von vielen spektakulären Ausstellungen, die dort in den kommenden zehn Jahren zu sehen sein werden.

Spektakuläre Ausstellungen ziehen Besucher an.
Foto: LWL

Kultur in Zeiten knapper Kassen

Wie in allen Ruhrgebietsstädten ist auch in Hagen die Haushaltssituation angespannt. Doch auch in Zeiten knapper Kassen bietet die Stadt eines der herausragendsten Kulturangebote des Ruhrgebiets.

Ein Theater, das Philharmonisches Orchester Hagen und vor allem das Kunstquartier mit dem Osthaus Museum und dem Emil Schumacher Museum – Hagen bietet ein Kulturangebot, das weit über seine Stadtgrenzen hinaus für Aufmerksamkeit sorgt. Ausstellungen, internationale Symposien und Diskussionsveranstaltungen sorgen dafür, dass Hagen zu den Zentren der Bildenden Kunst in Nordrhein-Westfalen gehört. Einen Platz, welcher der Stadt auch historisch zusteht: Es war der Hagener Mäzen Karl Ernst Osthaus, der 1902 das Museum Folkwang in Hagen gründete, das heute nach ihm benannt ist. Seine Kunstsammlung, der Kernbestand des Museum Folkwang, wurde von seiner Witwe nur ein Jahr nach seinem Tod 1922 an die Stadt Essen übergeben, die um seine Sammlung der Moderne das

Solaraktivierte Glasfassade des Emil Schumacher Museums
Foto: Werner Hannappel

heutige Museum Folkwang aufbaute. Osthaus wollte Hagen zum kulturellen Gegengewicht zu Berlin entwickeln und scheiterte daran vor allem durch seinen frühen Tod.

Das kulturelle Gegengewicht zu Berlin ist Hagen heute nicht, aber noch immer eine Stadt, in der die Kultur und vor allem die Bildende Kunst eine große Bedeutung haben. Das liegt vor allem Kunstquartier Hagen, das am 28. August 2009 als neuer Ausstellungs- und Veranstaltungsort pünktlich vor dem Kulturhauptstadtjahr 2010 eröffnet wurde.

Auf 1.200 Quadratmetern stellt das 2009 erbaute Emil Schumacher Museum vor allem international bedeutende Vertreter der expressiven Malerei vor. Grundlage sind die über 500 Originale aus allen Schaffensperioden des Hagener Künstlers Emil Schumacher.

Das sanierte und erweiterte Osthaus Museum konzentriert sich auf die klassische Moderne, das neue Junge Museum »erprobt neue Zugänge zur Kunst für Menschen jeglicher Herkunft und jeden Alters«.

Ob Fabian Chiquets Ausstellung »Techno hilft«, die Plattencover von Andy Warhol, die große Schau mit Werken aus der Altana Stiftung oder die Ausstellung »Der Folkwang Impuls«, die »essayistische angelegte

Nachtansicht des Emil Schumacher Museums
Foto: Werner Hannappel

Ansicht des Oberlichtsaals des Emil Schumacher Museums
Foto: Werner Hannappel

Wanderung durch 110 Jahre Museumsgeschichte« – Hagen schafft es immer wieder bundesweit beachtete Ausstellungen zu organisieren. »Es ist erstaunlich und bereitet umso mehr Freude«, schreibt Hagens Kulturdezernent Thomas Hueyen, »dass in unserer Stadt, die leider mit großen und langfristigen finanziellen Problemen zu kämpfen hat, solch ein vielfältiges Ausstellungsprogramm stattgefunden hat und – wie wir erwarten – weiterhin stattfinden kann.«

Ennepe-Ruhr – Weltmarktführerregion im südlichen Ruhrgebiet
von Jürgen Köder

Der Ennepe-Ruhr-Kreis mit seinen neun Städten und 326.000 Einwohnern bei 96.264 sozialversicherungspflichtig Beschäftigten blickt auf eine lange industrielle Tradition zurück, die bis heute ungebrochen ist.

Nach wie vor findet die Mehrzahl der Beschäftigten (39.725/41 Prozent) im Produzierenden Gewerbe ihre Arbeit, vor allem in Unternehmen der Herstellung von Metallerzeugnissen, der Metallerzeugung und -bearbeitung, des Maschinenbaus und der Chemieindustrie. In Handel, Verkehr und Gastgewerbe finden 20.243 (21 Prozent) und in den sonstigen Dienstleistungen 35.881 (37 Prozent) Menschen ihre Arbeit.

98 Prozent der circa 14.600 Unternehmen haben bis zu 50 Beschäftigte, wobei die Mehrzahl weniger als zehn Beschäftigte hat. 258 Unternehmen weisen zwischen 50 und 250 Beschäftigte aus und nur 49 Unternehmen haben mehr als 250 Beschäftigte.

Jedes fünfte Unternehmen ist im Produzierenden Gewerbe tätig – mit einer durchschnittlichen Beschäftigtenzahl von 14 Mitarbeitern.

Dass der Kreis im wahrsten Sinne des Wortes von der Industrie lebt, zeigt auch der Blick auf die regionale Bruttowertschöpfung, die zu 41 Prozent im Produzierenden Gewerbe erbracht wird.

In diesem klein- und mittelständisch geprägten Industriekreis zwischen Kernruhrgebiet, Südwestfalen, Bergischem Land und Rheinland »verbergen« sich viele familiengeführte Unternehmen, die sich mit ihren

Jürgen Köder ist der Geschäftsführer der EN-Agentur.
Foto: EN-Agentur

Produkten und Dienstleistungen eine herausragende Stellung bis hin zur Weltmarktführerschaft erarbeitet haben.

Wesentlicher Erfolgsfaktor dieser Unternehmen ist ihre Spitzenleistung in den Kernprozessen. Daneben spielen ein spezielles Führungsmodell und eine globale Nischendominanz eine tragende Rolle. Das Führungsmodell setzt sich meist zusammen aus den traditionellen Werten eines Familienunternehmens in Kombination mit modernen Managementmethoden. Die Unternehmen besetzen oft enge, kleine Marktnischen oder sie bedienen Massenmärkte und konzentrieren sich dabei auf das oberste Segment. Wichtige Faktoren für Wettbewerbsvorteile sind ein breites Vertriebs- und Servicenetz weltweit und eine starke Innovationskraft (Venohr, 2011).

30 dieser Weltmarktführer weist der Kreis aktuell auf. Der Katalog südwestfälischer Weltmarktführer (2013) zeigt, dass jeder zehnte dort gelistete Weltmeister aus dem Ennepe-Ruhr-Kreis kommt. Das Lexikon der Weltmarktführer zählt den Ennepe-Ruhr-Kreis unter die Top-20-Regionen in Deutschland (Venohr, 2011).

Die Produktpalette der Weltmeister ist dabei so differenziert wie die Industrielandschaft an Ennepe und Ruhr: hochwertige Schwimmbadtechnik, Netze für Automobile, Flugzeuge und Schiffe, Tuning-Stoßdämpfer, Veredelung von Aluminiumbändern, Kabelschutzsysteme, Türschließtechnik bis hin zu Schiffsverladearmen für flüssige und gasförmige Stoffe.

Natürlich ist das Weltmeisteretikett kein Wert an sich – obwohl es zu der einen oder anderen überraschenden Sichtweise auf ein Kreisgebiet verhilft, das überregional eher durch sein Autokennzeichen bekannt ist, ebenso wie regional vielen Menschen als attraktives Naherholungs- und Freizeitziel.

Vielmehr sind die Weltmeisterunternehmen »Leuchttürme«, die aus einer vielfältig innovativen, klein- und mittelständischen Industrielandschaft herausragen. Und an dem Erhalt, der Stärkung und der Verbreiterung dieser industriellen Strukturen und der damit verbundenen Arbeitsplätze wird sich auch die Zukunftsfähigkeit des Kreises mit entscheiden.

Quellen

Definition Weltmarktführer: »Top 3 der weltweit führenden Unternehmen auf ihrem Markt oder zumindest Platz 1 in Europa. Der Umsatz liegt unter 3 Mrd. €. Sie sind der Öffentlichkeit weitgehend unbekannt.« (nach Simon, 2007)

Bernd Venohr, Lexikon der Weltmarktführer, 2011

Jörg Bogumil u. a., Zukunftsweisend, 2013

Umwelt

Ein neues Dekadenprojekt für die Ruhr – KlimaExpo.NRW » Ruhr

von Gerhard Kmoch

Der weltweite Klimawandel findet heute bereits statt! Das muss man all denen sagen, die glauben, dass die von den Klima-Wissenschaftlern prognostizierte Temperaturerhöhung um bis zu 4 Grad Celsius erst zum Ende des 21. Jahrhunderts eintritt. Deshalb wird auf den Welt-Klimakonferenzen über Klimaschutz- und Klimaanpassungsstrategien heftig gerungen, bisher ohne einen verbindlichen Plan. Die EU, die Bundesregierung und auch die einzelnen Bundesländer haben mehr oder weniger verbindliche Klimaschutzziele formuliert, zu deren Erreichung dem Umstieg auf regenerative Energien und die Entwicklung innovativer Technologien und Verfahren zur Energieeinsparung eine entscheidende Bedeutung zukommt. Das Land NRW hat als erstes Bundesland ein eigenes Klimaschutzgesetz verabschiedet und erarbeitet in einem groß angelegten Beteiligungsverfahren mit wichtigen gesellschaftlichen Gruppen einen Klimaschutzplan, mit dem die im Klimaschutzgesetz festgelegten Ziele zeitlich, sektoral und räumlich konkretisiert werden sollen. Das betrifft die Verringerung der Treibhausgasemissionen, den Ressourcenschutz, die Ressourcen- und Energieeffizienz und den Ausbau der Erneuerbaren Energien. Gleichzeitig sollen geeignete Maßnahmen zur Anpassung an Klimaveränderungen vorgeschlagen werden.

Zur Umsetzung dieser Ziele ist ein koordiniertes Handeln von Landespolitik, Wirtschaft und Kommunen unter Einbeziehung aller zivilgesellschaftlichen Gruppen erforderlich. Gleichzeitig soll es gelingen, die für Klimaschutz und Klimaanpassung entwickelten Produkte und Verfahren für den weltweiten Export nutzbar zu machen und damit den Wirtschaftsstandort NRW weiter zu stärken.

Im NRW-Koalitionsvertrag von 2012 haben die Regierungsparteien dazu beschlossen, eine Klimaschutz-Expo als Dekadenprojekt durchzuführen, mit der Fortschritte auf den Feldern Klimaschutz, innovative Technologien und Stadtumbau präsentiert werden sollen – insbesondere auch der Weltöffentlichkeit. Dazu wurde im Herbst 2013 eine Trägergesellschaft »Fortschrittsmotor KlimaExpo.NRW« mit Sitz in Gelsenkirchen gegründet, die in bestimmten Zeitabschnitten bis zu einer Abschlusspräsentation im Jahr 2022 die Entwicklungen bei Klimaschutz und Klimaanpassung in NRW erfassen und vorstellen wird. Wichtige Ziele der KlimaExpo.NRW sind dabei:

– Aufzeigen, dass Klimaschutz, Energieeffizienz, Energiesparen und Erneuerbare Energien auch wichtige Wirtschaftsfaktoren sind und durch ein intelligentes Miteinander von Ökonomie und Ökologie gute Arbeitsplätze entstehen
– Vorstellung der Fortschritte auf den Feldern Klimaschutz, Ressourcen- und Energieeffizienz, innovative Technologien und Stadtumbau
– Bündelung geplanter Projekte und Anstoßen neuer Maßnahmen
– Darstellung des Klimawandels als Kulturwandel
– Menschen zum Mitmachen bewegen

Der RVR hat bereits zu einem frühen Zeitpunkt die Diskussion über eine KlimaExpo.NRW aufgegriffen und in seiner Verbandsversammlung die Durchführung eines KlimaExpo-Projekts für das Ruhrgebiet unter dem heutigen Namen ›KlimaExpo.NRW » Ruhr‹ beschlossen.

Gerhard Kmoch berät den Regionalverband Ruhr bei der KlimaExpo.

Insbesondere das Ruhrgebiet mit seinem nach wie vor starken und vitalen industriellen Kern und seinen polyzentrischen Städten, aber auch als Landschaftspark mit mehr als 40-prozentiger landwirtschaftlicher Flächennutzung, mit seinem umfassenden aquatischen System zur Trinkwassergewinnung und Abwasserbehandlung und mit seinen Wasserstraßen ist vom Klimawandel besonders betroffen. Dieses neue Dekadenprojekt knüpft an die erfolgreichen Projekte zur IBA Emscher Park und zur Kulturhauptstadt Europas RUHR.2010 an und wird zeigen, dass die Metropole Ruhr weiterhin ein »Pionier des Wandels« ist.

Viele Wirtschaftsunternehmen, sondergesetzliche Zweckverbände und Landes- bzw. Kommunalgesellschaften sind hier bereits heute in den verschiedenen Themenfeldern zum Klimaschutz und Klimawandel tätig, einige sogar als Weltmarktführer. Eine breit gefächerte Forschungslandschaft von Universitäten, Hochschulen, Forschungseinrichtungen und firmeneigenen Forschungslaboren bearbeitet eine Vielzahl von Vorhaben, die sich mit dem Klimaschutz und Klimawandel, Erneuerbaren Energien, Energie- und Ressourceneffizienz und weiteren Umweltthemen befassen. Nach einer im Jahr 2012 im Auftrag des RVR erfolgten Erhebung betrifft das allein 120 Forschungsprojekte, die mit öffentlichen Fördergeldern durchgeführt werden.

Im Rahmen der KlimaExpo.NRW » Ruhr werden große Leitprojekte des Ruhrgebiets wie der Emscher-Umbau, InnovationCity als Modellprojekt zum klimagerechten Stadtumbau oder der geplante Radschnellweg Ruhr weiter herausgestellt werden, aber auch die vielen lokalen Projekte in den Städten der Metropole Ruhr. Zum offiziellen Beginn der KlimaExpo.NRW » Ruhr ist Ende September 2014 eine Woche der Auftaktpräsentationen geplant, an der sich alle Städte des Ruhrgebiets, aber auch Unternehmen, Forschungseinrichtungen und zivilgesellschaftliche Gruppen beteiligen sollen. In den Jahren 2017 und 2020 wird es Zwischenpräsentationen geben. Für 2022 ist eine Abschlusspräsentation geplant. Der RVR steht bei der Planung der KlimaExpo.NRW » Ruhr in enger Abstimmung mit der Landesgesellschaft KlimaExpo.NRW, da auch seitens des Landes eigene Präsentationen, unter anderem im »Schaufenster Ruhrgebiet« geplant sind.

Das Schaubild zeigt die derzeitige Projektstruktur für die Umsetzung der KlimaExpo.NRW » Ruhr. Zentrales Steuerungselement wird der Lenkungskreis, in dem neben dem RVR wichtige Partner aus der Metropole Ruhr und Vertreter der Landesgesellschaft mitwirken. Zur Planung, Steuerung und Umsetzung der einzelnen Projekte und Aktivitäten arbeitet bereits seit dem Frühjahr 2013 ein Projektbüro im RVR, das von einem erweiterten Arbeitskreis aus Fachleuten des RVR und der RVR-Tochtergesellschaften WMR, AGR (Abfallentsorgungs-Gesellschaft Ruhrgebiet) und RTG (Ruhr Tourismus GmbH) unterstützt wird. Zur direkten Einbindung der Kommunen wird ein Arbeitskreis eingerichtet, in den die Kommunen Beauftragte für das KlimaExpo-Projekt entsenden sollen. In weiteren Arbeitskreisen werden zivilgesellschaftliche Gruppen und Kulturbeauftragte eingebunden.

Das neue Dekadenprojekt KlimaExpo.NRW » Ruhr bietet der Metropole Ruhr eine Plattform, um den weiter stattfindenden Strukturwandel in Verbindung mit den Zukunftsfeldern Klima, Energie, Ressourcen und Stadtentwicklung zu präsentieren und zu unterstützen. Bei näherer Betrachtung wird man feststellen, dass hier schon viel auf dem Weg ist, aber manches noch anzustoßen und zu unterstützen ist. Das Dekadenprojekt wird gelingen, wenn man die Menschen im Ruhrgebiet mitnimmt und überzeugt.

Geschichte

UNESCO-Bewerbung »Zollverein und die industrielle Kulturlandschaft Ruhrgebiet«

von Dieter Nellen und Christa Reicher

Historisches Ensemble und neue Chancen

Die Bewerbung »Zollverein und die industrielle Kulturlandschaft Ruhrgebiet« um den Status eines UNESCO-Welterbes ging 2012 als exklusive Willensbekundung NRWs an die Kultusministerkonferenz für die sogenannte Tentativliste der UNESCO.

Die Kandidatur hebt sich von den anderen bundesweiten Eingaben ab: Sie beinhaltet nämlich nicht mehr nur eine klassische Einzeldestination und Hinterlassenschaft, sondern die Konstruktion des montanen Erbes als regionales Ensemble und postindustrielle Kulturlandschaft eigener Art. Die reflexartige Angst vor einer Archäologisierung des Reviers verflüchtigt sich. Auf einen weiteren möglichen Vorschlag konventioneller Art verzichtete man.

Sommer im Bochumer Westpark
Foto: RVR/Claudia Dreyße

Das Projekt bringt vielmehr gegen manche anfängliche Vorbehalte Industriekultur positiv ins Gespräch. Es verstärkt die Sensibilität im planerischen Umgang mit historischen Räumen und hat Auswirkungen bis zur Regionalplanung. Neben dem Erhalt und der Pflege dieser einzigartigen Industrielandschaft geht es auch um den Blick nach vorn: um eine qualitätvolle Weiterentwicklung städtebaulicher Strukturen und deren kulturelle und gesellschaftliche Dimension. Gerade in einer polyzentral organisierten Region wie dem Ruhrgebiet sind die baulichen Zeugen der Industrialisierung mit den umgebenden Siedlungsräumen, den Wasserwegen, den Landschaftsräumen und ihren »inneren Rändern« zu den gebauten Strukturen untrennbar miteinander verknüpft. Die industriellen Landmarken und die schützenswerten Einzelobjekte werden in der Verknüpfung mit dem räumlichen Kontext in Wert gesetzt und sie rufen eine Betrachtungsebene auf, die für die perspektivische Entwicklung der Region unabdingbar erscheint.

Nicht zu unterschätzen ist der Zusammenhang zwischen Industriedenkmälern und räumlicher Identitätsbildung. Im Ruhrgebiet, das sich zu einer der dichtesten Denkmallandschaften in Europa entwickelt hat, stellt sich demnach verstärkt die Frage nach der regionalen

Die Ruhr bei Hagen
Foto: RVR/Ralf Breer

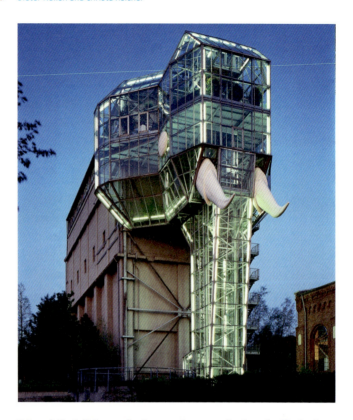

Der Glaselefant im
Maximilianpark in Hamm
Foto: RVR/Stefan Ziese

Identitätsbildung, insbesondere auch durch die industrielle Kulturlandschaft. Einerseits wird die Innenwahrnehmung der Region durch die geschichtliche Erinnerung im Sinne von Identifikation und Identitätsbildung gestärkt, andererseits wird zugleich die Außendarstellung in Form des kulturellen und touristischen Images der Region enorm befördert.

Allianzen

Das angestrebte UNESCO-Prädikat der »industriellen Kulturlandschaft« ist dabei die konsequente Abrundung des Welterbe-Status von Zollverein. Gerade durch die territoriale und thematische Erweiterung wird das

Herkules auf Zeche Nordstern in Gelsenkirchen
Foto: RVR/Jochen Eckel

industriekulturelle Erbe in seinem Ganzen noch stärker erkennbar und im Sinne der UNESCO-Kriterien zum bleibenden Erbe der Menschheit.

Mit der projektierten Klima-Expo.NRW »Ruhr, einer möglichen »Green Capital Ruhr« oder »Internationalen Gartenausstellung Ruhr«, also künftigen bis weit in das nächste Jahrzehnt reichenden Kampagnen- und Dekadenformaten, ergeben sich zahlreiche Schnittmengen für das Profil und Label einer Zukunftsmetropole. Die angedachten Projekte und Programme können sich – bei geschickter Regie – inhaltlich und medial gegenseitig ergänzen. Auch Allianzen mit den großen Energieversorgungsunternehmen in der Region, die ebenfalls strategisch und ökonomisch neue Geschäftsmodelle suchen, sind naheliegend.

Die Installation Tiger and Turtle in Duisburg ist ein Besuchermagnet.
Foto: RVR/Joachim Schumacher

Weitere thematische Links bilden die bereits etablierten Marken wie die Route der Industriekultur und der Emscher Landschaftspark, als weiche Formate die Ruhrtriennale (mit deren weitgehend ortsgleichen Spielorten wie Jahrhunderthalle/Westpark Bochum, Landschaftspark Duisburg-Nord, Zollverein Essen, Maschinenhalle Gladbeck-Zweckel etc.) und der Ausstellungszyklus Emscherkunst. Die »ExtraSchicht – Die Nacht der Industriekultur« könnte ihre räumliche Bespielung künftig an dem konditionierten Welterbe-Parcours ausrichten. Der Blick auf die Erfolge und Errungenschaften dieser jüngsten Formate der Stadt- und Regionalentwicklung zeigt, wie einzelne Bausteine sich zu einer umfassenden und zeitlich langfristigen Wirkungskette verschränken und das Vertrauen in zukünftiges Handeln fördern können. Und alle diese Bausteine verstärken das gemeinsame »Wahrnehmungskonto«.

Weltkulturerbe Zeche
Zollverein in Essen
Foto: RVR/Stefan Ziese

Dimensionen der Verantwortung:
NRW, der Bund und die Akteure vor Ort

Die Mobilisierung von Kompetenzen und Ressourcen für den gemeinsamen Weg ist unverzichtbar. Die Bewerbung ist »als Einladung an alle« fachliche Herausforderung wie öffentliche Angelegenheit zugleich. Sie braucht möglichst viele aktive und passive Sympathisanten und »Mitarbeiter«. Nur eine breite Verantwortungsebene der maßgeblichen Akteure führt zum Erfolg.

»Zollverein und die industrielle Kulturlandschaft Ruhrgebiet« ist dabei zunächst durch den Ablauf des Verfahrens vor allem eine ambitionierte Bewerbungsanzeige des Landes NRW. Dieses hat damit gegenüber der nationalen und internationalen Ebene ein politisches Versprechen auf die Zukunft gegeben. NRW steht also in einer besonderen programmatischen und finanziellen Verantwortung, wenn man es mit der eigenen Geschichte und dem Welterbe-Status für eine Kernzone in der Mitte des Landes ernst meint.

Der RVR hilft schon jetzt, berät, steuert fachliches Wissen bei und will sich auch finanziell engagieren. Dieser Einsatz entspricht seiner ordnungspolitischen Rolle als »Standbein der Region«, seiner gesamträumlichen Verantwortung und demokratischen Legitimation für die Metropole Ruhr.

Aber auch der Landschaftsverband Rheinland (LVR) und der Landschaftsverband Westfalen-Lippe (LWL), die Wasserverbände und -genossenschaften, die großen und kleinen Stiftungen, die Universitäten und Hochschulen, NRW.Urban als bedeutender Flächenentwickler und Sachwalter des Grundstücksfonds Ruhr und verschiedene Gebietskörperschaften sind involviert und mögen Verantwortung übernehmen. Schließlich sind sie und die industriekulturellen Eigentümer bei Erfolg die materiell größten Profiteure: Nicht wenige ihrer Standorte gewinnen so eine zusätzliche (inter-)nationale Anerkennung und vor allem neues Publikum.

Der illuminierte Henrichshütte Hattingen
Foto: RVR/Stefan Ziese

UNESCO-Bewerbung »Zollverein und die industrielle Kulturlandschaft Ruhrgebiet«

Das Land NRW hat wie die anderen Bundesländer im Verfahren »den Hut auf«. Es hat die operative Verantwortung auf die Stiftung Industriedenkmalpflege und Geschichtskultur auf der Kokerei Hansa übertragen. Diese hat das Projekt initiiert und von Anfang an die Federführung gesichert.

Für Konzeption und Kommunikation übernimmt die Stiftung in partnerschaftlicher bzw. unterstützender Allianz zu den verschiedenen Akteuren die Moderation als verantwortlicher Kümmerer und formeller Auftraggeber. Sie bedient sich externer Hilfe. Die genaue Aufgabenteilung ist noch zu bestimmen und sollte frei bleiben von institutionellen Befindlichkeiten und regionalpolitischen Eigeninteressen.

Die Stiftung hat einen ersten Budgetplan für die nächsten drei Jahre vorgelegt. Er dürfte sich angesichts der Vielzahl und institutionellen Stärke der einzelnen Partner im Wesentlichen durch Umschichtung vorhan-

Verwunschene Industriekultur
Foto: RVR/Joachim Schumacher

dener Haushaltsmittel refinanzieren. Dazu bedarf es jetzt möglichst bald eines finanziellen Statements der Landesregierung – als Impuls für das Engagement und die Verantwortung der assoziierten Partner.

Auch der Bund ist künftig stärker gefragt: Er könnte ähnlich wie bei der Förderung national bedeutsamer Gedenkstätten sein finanzielles Engagement auch für die UNESCO-Welterbestätten in Deutschland institutionell verstetigen. Immerhin wurde im Rahmen des seinerzeitigen Konjunkturpakets ein 200 Millionen Euro starkes Investitionsprogramm für mehrere Jahre aufgelegt. Daran gilt es in geeigneter Weise anzuknüpfen.

Prozess der Bewerbung und ein Masterplan als nachhaltiges Leistungsversprechen

Die Bewerbung reflektiert zum gegenwärtigen Zeitpunkt nicht die schlüsselfertige Vorlage eines historischen Ensembles, sondern die prozessuale Qualifizierung, Sicherung und Weiterentwicklung einer industriehistorischen Formation des 20. Jahrhunderts zu einem UNESCO-Projekt. Die Stufen dieses Prozesses umfassen zunächst:
- denkmalpflegerische und bauliche Ausweisung der Standorte und konzeptionelle Zusammenführung zu einem Welterbe-Parcours
- geschichtswissenschaftliche und didaktische Dokumentation der industriehistorischen Dimension
- definitorische und programmatische Herausarbeitung als spezifische kulturlandschaftliche Formation des 20./21. Jahrhunderts
- kommunikative, politische und pädagogische Vermittlung gegenüber den unterschiedlichen Zielgruppen, Meinungsbildnern und Entscheidungsträgern

Rolltreppe zum Ruhr Museum auf Zollverein
Foto: RVR/Stefan Ziese

Erste Ergebnisse liegen vor. Sie sollten sich angesichts der Dimension des Erweiterungsantrages mit einer langfristigen Strategie und einem verbindlichen Leistungsversprechen verbinden.

Dafür gibt es Vorbilder mit markanter nationalhistorischer Bedeutung: Die Stiftung Preußischer Kulturbesitz hat – nach dem Ende der deutschen Teilung – ihren Qualitätsanspruch für die Museumsinsel in Berlin mit einem Masterplan zwischen 1990 und 2000 verstetigt. Dieser konnte kein Ersatz für unverzichtbare Planungs- und Architekturverfahren mit qualitativ guten Ergebnissen sein. Das Verfahrenswerk lieferte aber ein strategisches und mediales Drehbuch für eine Jahrhundertaufgabe, nämlich die Zusammenführung der Berliner Museumsschätze und den Transfer des historischen Gebäudeensembles in ein zeitgemäßes Museumsquartier im Herzen der deutschen Hauptstadt. Der jetzt begonnene Wiederaufbau des Stadtschlosses und die Rekonstruktion der historischen Berliner Mitte wäre ohne diesen atmosphärischen Zusammenhang vermutlich nicht möglich geworden.

Ein vergleichbarer Masterplan mit Destinationsbezug könnte für »Zollverein und die industrielle Kulturlandschaft Ruhrgebiet« eine Richtschnur sowohl für die Gesamtidee wie für detailbezogene Entscheidungen werden, weiterhin als planerisches Narrativ wichtige Impulse für bürgerschaftliche und politische Beteiligung sowie markenbildende Öffentlichkeitsarbeit geben. Noch sind die genaueren Inhalte und Chancen dieses großen Projekts weiten Teilen der politischen Öffentlichkeit wenig vertraut.

Der Masterplan würde erhebliche mediale Mehrwerte für Industriekultur an Rhein, Ruhr und Emscher erzeugen. Die Betrachtung der historischen Schichten in ihrem komplexen Zusammenhang kann die Potenziale der industriellen Landschaft sichtbar machen und diese in ein regionales Regiebuch überführen. Als strategisches Versprechen kann ein Masterplan die Ernsthaftigkeit der Aufgabe – fast unabhängig vom Erfolg der Bewerbung – unterstreichen. Immerhin geht es auch hier um eine Jahrhundertaufgabe – mit engstem Bezug zur europäischen Geschichte.

Ein politischer Tendenzbeschluss für einen solchen Masterplan liegt bereits vor. Man muss das alles jetzt nur wirklich wollen. Die Bevölkerung vor Ort intoniert jedenfalls schon: »Wir wollen Welterbe«.

Dieter Nellen ist Referatsleiter für Kultur und Sport beim Regionalverband Ruhr.
Foto: RVR

Christa Reicher ist Inhaberin des Lehrstuhls für Städtebau und Bauleitplanung an der Fakultät Raumplanung der Technischen Universität Dortmund.
Foto: RHA

Geschichte der Hochhäuser im Ruhrgebiet

von Eckhard Gerber

Spricht man über Hochhäuser in Deutschland, spricht man in aller Regel nicht über das Ruhrgebiet. Die Wolkenkratzer-Skyline des Frankfurter Bankenviertels, Hamburger Repräsentanzbauten oder soziale Brennpunkte wie die Plattenbau-Wohnsiedlungen in Berlin-Marzahn haben im kollektiven Bewusstsein wohl eine deutlich höhere Präsenz. Dennoch: Das Alleinstellungsmerkmal der Ruhrgebietsarchitektur lässt genug Raum und gibt Anlass für einen neuen Blick auf die Hoch-Häuser der Region.

Erste Hochhäuser wurden im Ruhrgebiet zu Beginn der 1920er Jahre gebaut, zu einer Zeit, in der in Europa

Die Dortmunder Skyline
Foto: RVR/Stefan Ziese

Der RWE Tower bestimmt das Bild der Essener Skyline.
Foto: RVR/Ralph Lueger

dieser Baustil größere Bedeutung gewann. Es handelte sich hierbei um den Nachhall der Chicagoer Schule um den Architekten Louis Sullivan, der mit seinem Leitsatz »form follows function« bereits im ausgehenden 19. Jahrhundert als Impulsgeber dieser durch Vertikalität geprägten Bauweise gilt. In der Ruhrregion sind es der Gärturm der Union-Brauerei (U-Turm) im Zentrum von Dortmund – entworfen vom Architekten Emil Moog – sowie das Essener Deutschlandhaus des Architekten Jakob Körfer, die als erste Zeitzeugen genannt werden. Beide existieren noch, trotz des flächendeckenden Bombenhagels während des Zweiten Weltkriegs auf die Ruhrgebietsstädte.

So waren und sind die Städte Dortmund und Essen auch die einzigen im Ruhrgebiet, die den Hochhausbau als Instrument in ihre Innenstadt-Masterpläne integrierten. Während in Dortmund der U-Turm zusammen mit den beiden historischen Kirchen bis zum Zweiten Weltkrieg als Stadtdominante galt, entstand in Essen in den 1920er Jahren im neu gebauten Bankenviertel ein

Geschichte der Hochhäuser im Ruhrgebiet   115

ansehnliches Ensemble von Hochhäusern seinerzeit namhafter lokaler Architekten.

Der Zweite Weltkrieg allerdings ließ den ambitionierten Masterplan der Stadt Essen zum Erliegen kommen. Im Zuge des Wiederaufbaus entstand wieder eine Reihe innovativer Hochhausbauten wie beispielsweise das Essener Rathaus des Architekten Theodor Seifert. Seinerzeit mit über 100 Metern Höhe das höchste des Landes interpretiert es das historische Konzept des »Rathaus am Marktplatz« neu. Anstelle eines Marktplatzes erstreckt sich am Fuß des Rat-Hoch-Hauses das damals neue City-Center. Ein radikales Konzept, dass Ende der 1970er Jahre die in weiten Teilen zerstörte Innenstadt mutig neu organisierte und einen wirklichen Strukturwandel – nämlich einen Wandel der Struktur – darstellte.

Ebenfalls in Essen, zehn Jahre früher, entstand ein Hochhaus, das bis heute internationale Beachtung genießt. Das Postscheckamt der Bauabteilung der Oberpostdirektion liegt unweit des Hauptbahnhofs und ist inspiriert vom Lever-Building in New York der Architekten Skidmore, Owings & Merrill aus den 1950er Jahren. Die Ästhetik des Gebäudes begründet sich rein aus aus der Form resultierenden Gestaltungsmitteln. Auch die Formensprache des gesamten Ensembles – ein Hochhaus im Einklang mit einem Flachbau – ist dem New Yorker Bau entlehnt. Heute ist das Gebäude Teil eines fünfteiligen Ensembles, in dem der RWE Tower der Düsseldorfer Architekten Ingenhoven, Overdieck und Partner aus dem Jahr 1997 die bislang letzte vertikale Dominante darstellt. Als sogenanntes erstes Öko-Hochhaus setzte es Impulse für den künftigen Hochhausbau in Deutschland. Eine zweischalige Fassade erlaubt es, frische Luft geschossweise in den Zwischenraum einströmen zu lassen. Durch solare Gewinne temperiert dringt so vorgewärmte Frischluft auf allen Geschossen ins Gebäude

Eckhard Gerber ist Geschäftsführer des Architekturbüros Gerber Architekten.

und ermöglicht die Frischluftzufuhr ohne Klimaanlage auch in großer Höhe.

Auch die Stadt Marl tritt zur gleichen Zeit mit ihrem neu errichteten Stadtzentrum samt Rathaus-Ensemble positiv in Erscheinung. Die niederländischen Architekten Bakema & van de Broek entwarfen – in Deutschland bis dato einzigartige – Hängehochhäuser. Die dem japanischen Metabolismus zuzuordnende Konstruktion bestand aus einem tragenden Betonkern, an dessen auskragenden Elementen die einzelnen Etagen von oben nach unten angehängt wurden. Leider erwies sich diese experimentelle Bauweise als anfällig, sodass sie in den 1980er Jahren mit additiven Stahlzugbändern verstärkt werden musste. Dennoch: ein überzeugender Beitrag für innovativen Hochhausbau in Deutschland.

Doch es gibt auch negative Beispiele für den Hochhausbau im Ruhrgebiet. In den 1960er und 70er Jahren entstand – meist durch Investoren vorangetrieben – hoch verdichteter Wohnungsbau in den damaligen Stadtentwicklungsquartieren der Region. Duisburg-Hochheide, Marl, Gelsenkirchen und Dorsten-Wulfen stehen noch heute für experimentellen Wohnungsbau mit fragwürdiger Lebensqualität. Der Umgang ist heute unterschiedlich. Während Marl sich für Abriss entschied, entstanden in Dorsten-Wulfen gleichermaßen kreative wie interessante Rückbauszenarien, die im Ergebnis eine deutlich bessere Wohnqualität zur Folge hatten, während man sich in Gelsenkirchen mit der Situation offensichtlich abgefunden hat. Lediglich in Duisburg-Hochfeld warten die – im kollektiven Gedächtnis als »weiße Riesen« negativ verankerten – Hochhäuser auf ihren Abriss; sofern das Geld vorhanden ist.

In Dortmund traten seit den 1960er Jahren zu den Türmen der Reinoldi- und der Petrikirche sowie dem U-Turm als historische Stadtdominanten noch vier weitere hinzu: die scharfkantigen Quader der Sparkasse und des IWO-Hochhauses zum einen und das 1994 errichtete Harenberg-Haus sowie der etwa zehn Jahre später entstandene RWE Tower. Die beiden letztgenannten Bauten stammen aus der Feder von Gerber Architekten. Der RWE Tower liefert als Ellipse mit seiner Fassade aus poliertem schwarzen Granit einen sowohl formalen als auch farblichen Kontrapunkt. Die elliptische Form scheint auf den ersten Blick einen problematischen Grundriss in sich zu tragen. Sie entpuppt sich allerdings als optimale Lösung. Klar ausgerichtete Räume mit nahezu rechtwinkligen – also effizient nutzbaren – Räumen zum einen, zum anderen eine Mittelzone, die im Zentrum des Gebäudes ihre größte Ausdehnung hat. In der obersten Etage – als Ausdruck der Firmenkultur der RWE Westfalen-Weser-Ems AG – befindet sich eben nicht die Vorstandsetage, sondern die Mitarbeitermensa, die über ein großzügiges Glasdach belichtet wird. Die zeitgleiche Erstellung der vorgefertigten Betonelemente-Fassade mit dem Innenausbau ermöglichte eine schnelle

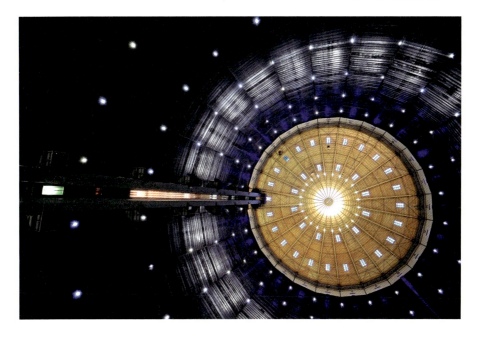

Gasomter Oberhausen
Foto: RVR/Ralph Lueger

Bauweise, die unterhalb der Budgetierung abschloss. Obwohl das Gebäude – ähnlich wie das Essener Pendant des Kollegen Ingenhoven – über eine geschossweise Frischluftzufuhr ohne Klimaanlage verfügt, schafften die Architekten hier einen weniger technischen Charakter zugunsten der Skulptur.

Das Harenberg-Haus dagegen behauptet sich mit einer hellen Sichtbeton-Fassade im Stadtraum. Geschickt wird mit einem tortenstückartigen Eingangsbau sowohl der Straßenraum zum Stadtring gefasst als auch eine selbstverständliche Zuwegung zum Foyer geschaffen, die zum Hauptbahnhof ausgerichtet ist. So scheinen die außen liegenden Panorama-Aufzüge des Gebäudes fast wie eine Einladung an die Besucher der Stadt. Das mehrgeschossige Glasfoyer wird klimatisiert durch einen skulptural wirkenden Wasserfall. Die Gesamtwirkung des Gebäudes jedoch ist geprägt von einer stark gerasterten Lochfassade.

Der Strukturwandel und die Suche nach neuer Identität der Region und ihrer Akteure änderten auch den Umgang mit stadtbildprägenden Bauten. Impuls war hier nicht zuletzt die Stadtschrumpfung und das damit einhergehende Freiwerden großer Flächen in attraktiver Lage.

Ein hervorragendes Beispiel ist die Dortmunder Stadtkrone Ost. Während das »Stadttor« am anderen Eingang der Stadt nähe Westfalenhalle – entstanden in der zweiten Hälfte des letzten Jahrhunderts – nach amerikanischem Vorbild mit Fernsehturm und Telekom-Hochhaus errichtet wurde, zeigt sich der östliche Stadteingang mit vier- bis sechsgeschossiger Bauweise horizontal ausgerichtet in einem Park. Zwar ist öffentliches Grün bei beiden Orten konzeptbestimmend. Die Stärke der Stadtkrone Ost liegt allerdings in der Verzahnung zwischen Natur und Architektur aufgrund der niedrigen Bebauung in gartenstadtähnlicher Atmosphäre.

ThyssenKrupp Zentrale
Foto: ThyssenKrupp

Auch die Errichtung der neuen ThyssenKrupp-Hauptverwaltung in Essen folgt diesem Konzept. ThyssenKrupp bevorzugte bei seinem Vorgängerbau am Düsseldorfer Rheinufer – dem Dreischeibenhaus von HPP – noch die Hochhaus-Signette als Wahrzeichen. Heute nutzt der Konzern in Essen seinen historisch bedeutenden Gründungsstandort – eine 230 Hektar große zentrumsnahe Stadtbrache – und ließ sich von der Architektengemeinschaft Chaix & Morel, Paris, zusammen mit dem Kölner Büro JSWD einen parkähnlichen Campus errichten. Zwar handelt es sich aufgrund der Gesamthöhe, insbesondere bei dem Vorstandskubus, um ein Hochhaus. Die großzügige Gesamtwirkung der Konzernzentrale setzt aber auf eine horizontale Ausrichtung und Wahrnehmung und nicht auf die Vertikale, wie sie für Hochhäuser bezeichnend ist.

So stellt sich die Frage, wie es dazu kommt, dass eine Region mit einer nahezu einzigartigen wirtschaftlichen, nämlich schwerindustriellen Geschichte bei der Nutzung von Hochhäusern als Zeichen wirtschaftlicher

Das Harenberg-Haus
in Dortmund
Foto: RVR/Günter Fuchs

Kraft nicht in erster Reihe genannt wird. Der Grund könnte darin liegen, dass seinerzeit die Verwaltungsbauten den Produktionsanlagen mit ihren maßstabsprengenden Größen deutlich unterlagen. Die Produktionsan-

lagen nämlich, namentlich Fördertürme, Schornsteine, Gärtürme oder Gasometer, waren die hohen Häuser der Region. Diese galt es zu inszenieren. Ein gutes Beispiel ist hier der Verwaltungsbau der Gutehoffnungshütte in Oberhausen von Peter Behrens: großartige Architektur der 1920er Jahre, die sich selbstbewusst zurücknimmt und nicht mit der Formensprache der Industrie in Konkurrenz tritt.

Fokussiert man also den vielschichtigen Strukturwandel des Ruhrgebiets auf seine Architektur, stellt man fest, dass der Begriff »Hochhaus« zur IBA-Zeit und danach gern im Sinne von »Hoch-Haus« verwendet wurde. So entstanden durch die Umnutzung nicht nur weltbekannte Ikonen der Region wie z. B. der Gasometer – ein Gasbehälter, der mit einer Höhe von 107 Metern als vertikale Ausstellungshalle genutzt wird. Auch zeichenhafte, vertikale Erweiterungen wie z. B. der im Duisburger Innenhafen gelegene Bau des Landesarchivs NRW sind hervorragende Lösungen. Der Innenhafen übrigens entstand nach dem Masterplan des Briten Lord Norman Foster, während die Bibliothek durch die Wiener Architekten Ortner & Ortner erstellt wurde. Alle Projekte eint der gelungene Wunsch, das Stadtimage neu zu definieren.

Bochum traut sich bei der Errichtung seiner Landmarken ganz neue Wege. Als Auftakt des Masterplans der Universitätsstraße wurde ein ehemaliger Hochbunker als Büroturm umgenutzt. Das historische Volumen wurde – dreifach kopiert und außermittig gestapelt – zu einer imposanten Glasskulptur inszeniert. Folgerichtig der Name des Gebäudes des Berliner Architekten Gerhard Spangenberg: das Exzenter-Hochhaus.

Aber auch Fördertürme als historische Zeichen der Region wurden neu »programmiert«. Hervorragende Bauten sind hier der als Bürogebäude neu genutzte Hammerkopfturm der ehemaligen Dortmunder Zeche

Minister Stein der Architekten Bahl & Partner oder der durch die Architekten PASD neu genutzte Förderturm der Zeche Nordstern. Hier dient die zeichenhafte Gestalt des Turms als »Fundament« für eine mehrgeschossige Büroaufstockung samt 18 Meter hoher Herkules-Skulptur des Künstlers Markus Lüpertz.

Diesem gelungenen, weil nachhaltigen Ansatz, die Landmarken der Vergangenheit zu Landmarken der Zukunft umzuprogrammieren, folgt auch das Konzept des Dortmunder U-Turms. Das einst erste Hochhaus der Stadt diente neben seiner eigentlichen Funktion als Gär-Hochhaus auch als unverwechselbares Symbol für den wirtschaftlichen Erfolg der Stadt durch die Bierbrau-Industrie im 20. Jahrhundert. Nach Schließung des gesamten Areals, nachdem der Konzern an den Stadtrand gezogen war, und Umbau und Sanierung des Gärturms durch das Dortmunder Büro Gerber Architekten im Jahr 2010 dient das historische Monument zeichenhaft als Hochhaus der Kultur. Die innere Erschließung erfolgt durch ein großzügiges vertikales Foyer – die sogenannte Kunstvertikale – und unterstreicht das Ansinnen, die Kunst als Gesamtheit präsentieren zu wollen. Über Rolltreppen gelangen die Besucher in die Etagen, die über eine filmische Inszenierung verwoben werden. Verschiedene Erker lassen die Inhalte nach außen dringen. Gekrönt wird dieser die Stadtsilhouette prägende Bau von einer Animation des international bekannten Dortmunder Filmemachers Adolf Winkelmann.

Die Neunutzung des Förderturms der ehemaligen Zeche Nordstern und des Dortmunder U-Turms als Hochhäuser der Vergangenheit sind wegweisende Konzepte, die die ursächlichen Relikte der Geschichte glaubwürdig und nachhaltig im Stadtbild des Ruhrgebiets und im Bewusstsein der Bürger als Hochhäuser der Gegenwart verankern.

Energie

Energiewende
von Thomas Wels

Strom muss bezahlbar bleiben. Was für ein schöner Satz! Wer wollte da auch widersprechen? Nun ist die Bundestagswahl vorbei – endlich, möchte man sagen. Denn die dringend notwendigen Sanierungsarbeiten an der sogenannten Energiewende liegen schon viel zu lange brach. Doch die Hoffung der Industrie auf eine zügige Reform des Gesetzes für den Vorrang Erneuerbarer Energien (EEG) wird von schwierigen Koalitionsverhandlungen gedämpft. Das ist schlecht für NRW und insbesondere das Ruhrgebiet, die beide ganz klar am stärksten unter den Folgen der verkorksten Energiewende leiden. Die Risiken übersteigen inzwischen die Chancen bei Weitem.

Einige Zahlen mögen das verdeutlichen: Ein Drittel der in Deutschland erzeugten Energie stammt aus NRW, 260.000 Menschen arbeiten in der Branche. Noch, muss man leider sagen. In unserer Region sind mit E.ON, RWE und STEAG drei der fünf größten Energieerzeuger beheimatet. Laut einer KPMG-Studie ist allein bei den drei Erzeugern das Ergebnis von 17,5 Milliarden Euro im Jahr 2011 auf 11,3 Milliarden Euro im Jahr 2012 eingebrochen. E.ON hat 75 Prozent seines Börsenwertes binnen fünf Jahren eingebüßt, RWE 70 Prozent. Ein Sparprogramm in Milliardengröße folgt derzeit dem nächsten.

Insgesamt stehen an die 20.000 Arbeitsplätze auf der Streichliste. Die Energiekonzerne, die vor wenigen Jahren noch Milliarden in die großen Kraftwerksprojekte gesteckt haben, prüfen die Stilllegung der Anlagen auf Basis von Kohle oder Gas. Bei E.ON sind es 10.000 Megawatt, bei RWE 11.000 Megawatt, was jeweils etwa 10 bis 15 Kraftwerksblöcken entspricht. Die Anlagen verdienen

Thomas Wels ist Leiter der Wirtschaftsredaktion der WAZ.
Foto: WAZ

kein Geld mehr, weil die Erneuerbaren Energien sie mit ihrem Einspeisevorrang aus den Netzen drücken und drastisch gesunkene Börsenpreise nicht mehr ausreichen, die Großinvestitionen rentierlich zu betreiben.

Das EEG hat innerhalb weniger Jahre zu einer Flutung der Märkte mit regenerativen Energien geführt – und die Energiewelt auf den Kopf gestellt. Der Preis der Kilowattstunde ist seit 1998 für Privatleute im Schnitt von 17,11 auf 28,7 Cent gestiegen. Ein durchschnittlicher Vier-Personen-Haushalt mit 3.500 Kilowattstunden Jahresverbrauch zahlt dieses Jahr 1.000 Euro, gut 100 Euro mehr als 2012. Damit gerät der Strompreis zum gesellschaftspolitischen Multi-Problem:

Erstens gibt es das sozial- und verteilungspolitische Problem, weil immer mehr Menschen unter dem Anstieg der Strompreise leiden, gerade auch im Ruhrgebiet, während insgesamt vier Millionen Windbauern oder

Der Industriestrompreis in Deutschland liegt zehn Prozent über dem Durchschnitt der EU.
Foto: RVR/Georg Hoffknecht

Immer mehr Menschen leiden unter dem Anstieg der Strompreise.
Foto: RVR/Jochen Eckel

private Photovoltaikbetreiber profitieren. Insgesamt fließen aus NRW jährlich 1,8 Milliarden Euro in Form der EEG-Umlage ab, vor allem nach Bayern mit vielen Windkraft- und Photovoltaikanlagen auf landwirtschaftlicher Fläche oder Dächern von Einfamilienhäusern. In der Metropolregion Ruhr ist die Zahl der Einfamilienhäuser vergleichsweise klein. Sozialpolitisch bedeutet diese Regelung durchaus eine Umverteilung des Geldes von Bewohnern von Mietwohnungen im Revier hin zu Eigenheimbesitzern in Bayern.

Zweitens ist das industriepolitische Problem zu nennen. Denn der Industriestrompreis in Deutschland liegt zehn Prozent über dem Durchschnitt der EU und um 125 Prozent über dem der USA. In NRW sind weit mehr energieintensive Betriebe beheimatet als anderswo. Die Stahlerzeuger, die Aluminiumhütten oder die Chemieunternehmen an Rhein und Ruhr verbrauchen 40 Prozent des gesamten deutschen Industriestroms. Allen Vergünstigungen zum Trotz bezahlen die hiesigen energieintensiven Betriebe mehr als die Konkurrenten im Ausland: Laut Bundesverband der Deutschen Indus-

Energiewende 127

Umverteilung von Bewohnern von Mietwohnungen hin zu Eigenheimbesitzern
Foto: RVR/Rupert Oberhäuser

trie (BDI) tragen die Unternehmen zehn Milliarden Euro der EEG-Umlage, die Verbraucher sieben Milliarden. Dennoch ist es zu der politisch durchsichtigen, aber gefährlichen Debatte gekommen, die die Entlastungen der Industrie verantwortlich macht für die hohen Stromkosten der Verbraucher. Zwar gibt es zweifellos Fehlentwicklungen bei so mancher Entlastung. Sollten aber die Nachlässe für die Stahl- oder Edelstahlindustrie wegfallen, sind Standorte gefährdet. Die Entlastung etwa bei ThyssenKrupp-Stahl übersteigt den Halbjahresgewinn bei Weitem.

Zudem droht aus Brüssel eine weitere Gefahr. Die EU-Kommission hat ein wettbewerbsrechtliches Verfahren eröffnet, weil sie die Ausnahmen für die energieintensiven Betriebe als wettbewerbsverzerrende Subvention betrachtet. Man muss schon einige gedankliche Purzelbäume machen, um das nachvollziehen zu können. Schließlich zahlen die hiesigen Betriebe unter dem Strich immer noch mehr als die ausländischen Konkurrenten für den Strom. Aber solche Prozesse in Brüssel sind unwägbar. Kurzum: Gerade in unserer Region sind Arbeitsplätze gefährdet.

Dem Ruhrgebiet drohen Ausfälle bei der Gewerbesteuer. Foto: RVR/Joachim Schumacher

Drittens ist da das kommunalpolitische Problem. Lag bislang der Fokus auf den Energieriesen wie RWE oder E.ON, werden die Kommunen zunehmend mit dem Risiko der Energiewende konfrontiert. Und im Ruhrgebiet ist auch das besonders ausgeprägt. Sieben Stadtwerke sind es, die den fünftgrößten Erzeuger STEAG übernommen haben, darunter auch welche aus Essen, Bochum oder Dortmund, die zugleich Anteile an RWE halten und mithin mit deutlich geringeren Dividenden rechnen müssen. Nicht nur das trifft die Haushälter empfindlich. Es wird auch mit an Sicherheit grenzender Wahrscheinlichkeit zu erheblichen Ausfällen bei der Gewerbesteuer kommen. Und die Stadtwerke mit eigener Erzeugung, seien es Anteile an Steinkohlekraftwerken oder eigene Gaskraftwerke, sind mit denselben Problemen konfrontiert wie die großen Konzerne. Einige der ohnedies gebeutelten Revierkommunen müssen mit erheblichen Einnahmeverlusten infolge der Energiewende rechnen.

Fazit: Die Strompreisexplosion und der ungesteuert verlaufende Ausbau der Erneuerbaren Energien sind zwar längst zum bundesweiten Megathema geworden. Das Revier aber wird von den unerwünschten Entwicklungen geradezu in die Zange genommen. Die Chancen der Energiewende für Revierbetriebe – Bau von Windkraftanlagen auf hoher See oder weltweite Technologieführerschaft – liegen derzeit auf Eis. Die gesamte Branche und vor allem die finanzierenden Banken warten – auf Entscheidungen aus Berlin.

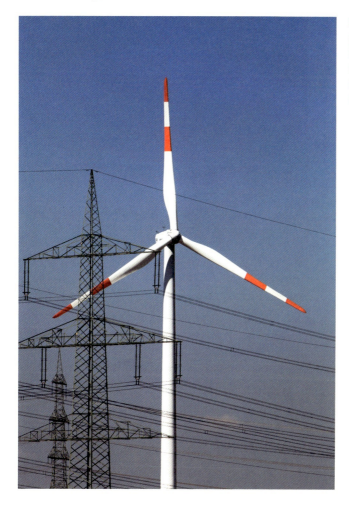

Das EEG hat innerhalb weniger Jahre zu einer Flutung der Märkte mit regenerativen Energien geführt.
Foto: RVR/Rupert Oberhäuser

Chancen und Möglichkeiten der Energiewende für das Ruhrgebiet
von Johannes Remmel

Johannes Remmel war von 1995 bis 2012 Landtagsabgeordneter der Grünen in NRW. Seit 2010 ist er Minister für Klimaschutz, Umwelt, Landwirtschaft, Natur- und Verbraucherschutz.
Foto: MKULNV

Die Folgen des Klimawandels sind in unseren Städten und Regionen längst spürbar: Extremwetterereignisse wie Hitzewellen und Starkregen haben in den vergangenen Jahren auch im Ruhrgebiet große Schäden verursacht. Auch der Temperaturanstieg mit seinen Auswirkungen auf unsere Gesundheit und Lebensqualität stellt uns vor neue Herausforderungen. Fest steht: Wir müssen handeln, um die schlimmsten Folgen des Klimawandels zu verhindern.

Gemessen am Anteil der Weltbevölkerung trägt Deutschland überproportional zum globalen CO_2-Ausstoß bei. Die Energiewirtschaft hat mit über 45 Prozent den größten Anteil an den deutschlandweiten CO_2-Emissionen, gefolgt vom Verkehr mit rund 20 Prozent und den privaten Haushalten mit rund 13 Prozent. Hier liegen die größten Einsparpotenziale, die wir durch den Einsatz regenerativer Energieträger, Energieeinsparung und Energieeffizienz ausschöpfen können.

Um die internationalen Klimaschutzziele zu erreichen, muss der Energiesektor grundlegend umstrukturiert werden. Die Energiewende ist hier der Hebel, mit dem wir die schlimmsten Folgen des Klimawandels verhindern und eine sichere, saubere und wirtschaftliche Zukunft aufbauen können.

Die nationale Energiewende steht und fällt mit dem Energieland NRW.

Wenn NRW bei seinem Anteil von zehn Prozent an regenerativ erzeugter Energie bleibt, kann die Energiewende nicht erfolgreich sein. Klimaziele würden nicht erreicht werden. Dies erfordert einen generellen Umbau der Erzeugungsstrukturen, der Infrastruktur für Transport und Versorgung und des Marktdesigns.

Die Energiewende »made in NRW« ist eine besondere Herausforderung und große Chance zugleich. NRW und das Ruhrgebiet haben bereits Erfahrung in der Weiterentwicklung der Energiewirtschaft und bringen damit die besten Voraussetzungen mit.

Bis 2020 sollen die CO_2-Emissionen in NRW um mindestens 25 Prozent und bis 2050 um mindestens 80 Prozent gegenüber 1990 gesenkt werden. Bis 2025 sollen mehr als 30 Prozent des Stroms in NRW aus erneuerbaren Energiequellen stammen. Um diese Ziele zu erreichen, sollen Ressourcenschutz, Energieeinsparung sowie Energie- und Ressourceneffizienz gesteigert werden.

Damit alle Rädchen des gesamten Energiesystems ineinander greifen können, brauchen wir integrative Konzepte, ein intelligentes Management auf der Erzeugungs- und auf der Nachfrageseite sowie einen Ausbau

Bis 2020 sollen die CO_2-Emissionen in NRW um mindestens 25 Prozent gegenüber 1990 gesenkt werden.
Foto: RVR/Joachim Schumacher

Pumpspeicherkraftwerk an der Ruhr
Foto: RVR/Joachim Schumacher

von Netzen und Speichern. Dabei ist der Ausbau in der überregionalen Übertragungsnetzebene nur ein Teilaspekt. In NRW ist z. B. die Windenergieerzeugung deutlich dezentraler aufgestellt als an der Küste. Wir in NRW verfolgen die Strategie, die Energie dort zu produzieren, wo sie verbraucht wird. Vor diesem Hintergrund sind auch im Ballungsraum Ruhrgebiet lokale Lösungen und Technologien mit Blick auf dezentrale Einspeisung und Speicherung zu entwickeln.

Die Umwelttechnologien haben sich gerade vor dem Hintergrund des Strukturwandels von der Montanindustrie hin zur Dienstleistungsgesellschaft und Wissensindustrie in NRW als Erfolgsgeschichte entwickelt.

Die Umwelttechnikbranche ist in den letzten Jahren zu einer globalen Schlüsselindustrie herangewachsen. Die Entwicklung und der Einsatz neuer Umwelttechnologien sind Wachstumstreiber und Beschäftigungsmotor für nordrhein-westfälische Unternehmen; bereits heute bietet die Branche rund 274.000 Beschäftigten einen Arbeitsplatz. Damit ist die Umweltwirtschaft

Die Umweltwirtschaft darf nicht als Gegenpart oder Konkurrenz zu den klassischen Industrieschwerpunkten unseres Landes betrachtet werden.
Foto: RVR/Joachim Schumacher

inzwischen von wesentlicher ökonomischer Bedeutung für die nordrhein-westfälische Wirtschaft.

Die Branche ist vielseitig aufgestellt. So sind etablierte Großunternehmen mit hohen Exportanteilen unter anderem in der Produktion von Anlagen und Komponenten im Bereich der Technologien zur Energieübertragung und -verteilung oder im Bereich der Wind- und Photovoltaikindustrie tätig.

Auch im Ruhrgebiet steckt geballte Kompetenz: Hier sitzen Firmen, die z. B. integrierte Energie- und Klimasysteme entwickeln oder Solarkollektoren, Wärmepumpen, Lüftungsgeräte mit integrierter Wärmerückgewinnung und effiziente Gas-Brennwert-Heizgeräte fertigen. Diese Produkte dienen dem Klimaschutz und von ihnen lebt die Energiewende.

Die Umweltwirtschaft darf nicht als Gegenpart oder Konkurrenz zu den klassischen Industrieschwerpunkten unseres Landes betrachtet werden. Im Gegenteil: Die Umweltwirtschaft zeichnet sich als Querschnittsbranche aus, mit zahlreichen Überschneidungen zu anderen nordrhein-westfälischen Industrien wie dem Maschinen- und Anlagenbau oder der Elektrotechnik.

Die Umweltwirtschaft setzt damit wichtige Impulse für Innovationen in den klassischen Industrien. Sie ist ein Treiber für die ökologische und ökonomische Modernisierung und Beschäftigung.

Insbesondere das Ruhrgebiet hat durch die gewachsene Siedlungs- und Industriestruktur besondere Möglichkeiten, die Energiewende umzusetzen und als Chance zu nutzen. Der alte »Kohlenpott« wird durch den umfassenden Strukturwandel zu einer innovativen und zukunftsfähigen Metropole Ruhr.

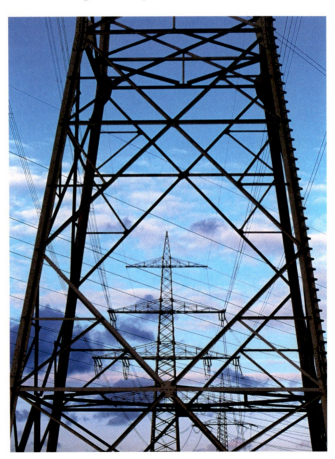

Stromnetz im Ruhrgebiet
Foto: RVR/Rupert Oberhäuser

Hoffnungsträger Solarzelle
Foto: RVR/Rupert Oberhäuser

Mit zahlreichen Universitäten und Forschungseinrichtungen besitzt die Metropole Ruhr hier bereits ein Fundament für zukunftsträchtige Forschungs- und Entwicklungsvorhaben. Der dicht besiedelte Ballungsraum bietet außerdem hervorragende Voraussetzungen für Energieverteilung und Effizienztechnologien.

So bündelt bereits das Leuchtturmprojekt InnovationCity Ruhr in Bottrop Fachkompetenzen aus verschiedenen Branchen, entwickelt neue Konzepte und setzt neue Maßstäbe. Ziel ist der klimagerechte Stadtumbau bei gleichzeitiger Sicherung des Industriestandortes. Dazu sollen Energieverbrauch und CO_2-Emissionen halbiert und der Lebensstandard erhöht werden.

Bereits jetzt hat das Ruhrgebiet umfangreiche Erfahrungen mit der Umgestaltung eines traditionellen Industriestandortes zu einer modernen Industrie- und Dienstleistungsgesellschaft. Daher ist es auch konsequent, dass die Metropole Ruhr zum Ausstellungsstandort der »Expo Fortschrittsmotor Klimaschutz« wird. Dort wird der Weltöffentlichkeit gezeigt, wie der durch den Klimawandel bedingte Strukturwandel in allen Branchen und Regionen in NRW als Antrieb für neue wirtschaftliche Dynamik genutzt und so zum Jobmotor wird.

Die Energiewende bietet die einmalige Gelegenheit, die Metropole Ruhr strukturell zu modernisieren und zukunftssicher zu gestalten. Wir müssen deshalb jetzt die Weichen stellen für eine saubere und klimaschonende Energieversorgung – mit neuen Umwelttechnologien als Pfeiler der heimischen Wirtschaft für mehr Wohlstand und Lebensqualität. Die Chance ist da, wir müssen sie nur nutzen.

Tourismus

Nachhaltige Wirkung des Tourismus für die Entwicklung des Ruhrgebiets

von Axel Biermann

Axel Biermann ist
Geschäftsführer der
Ruhr Tourismus GmbH.
Foto: RTG

Das Ruhrgebiet hat sich innerhalb von wenigen Jahren zu einem beliebten Reiseziel in Deutschland entwickelt. Qualmende Schornsteine sind längst Geschichte, spätestens seit der Kulturhauptstadt Europas RUHR.2010 präsentiert sich die Metropole Ruhr als moderne, aufregende und zugleich einzigartige Städteregion in Europa. Rund 250 Festivals, 200 Museen, 120 Theater, 100 Kulturzentren, 100 Konzertsäle sowie zwei große Musicaltheater spiegeln die kulturelle Vielfalt – vor der imposanten Kulisse von 3.500 Industriedenkmälern – in bester Weise wider. Das Erbe einer der ehemals größten Industrieregionen der Welt kann heute von jedermann erlebt und besichtigt werden, sei es auf einem historischen Rundgang durch ehemalige Zechenanlagen wie dem Denkmalpfad Zollverein, bei einem Kulturevent in einer Industriekathedrale wie der Jahrhunderthalle Bochum, bei einem der hochkarätigen Festivals wie der Ruhrtriennale oder bei einem sportlichen Abenteuer wie dem Hochseilklettern am Hochofen im Landschaftspark Duisburg-Nord. Die Route der Industriekultur verbindet diese Denkmäler und ermöglicht einen spannenden Streifzug durch die interessante Industriegeschichte.

Mit der einmaligen Industriekultur, die das Ruhrgebiet zu bieten hat, besitzt die Region ein äußerst attraktives Alleinstellungsmerkmal, das es in Zukunft noch stärker zu nutzen gilt. Die spannende Kombination aus Kultur und Entertainment kommt bei den Besuchern hervorragend an. Seit Jahren steigen deshalb die Übernachtungszahlen und damit natürlich auch die Umsätze im Tourismus kontinuierlich an. Letztes Jahr hat die Region sogar die Sieben-Millionen-Marke überschritten.

Der Blick zurück zeigt, dass die Metropole Ruhr zu den ganz jungen Reisedestinationen gehört. Noch vor rund 20 Jahren war ein Urlaub im Ruhrgebiet quasi undenkbar. Seit der IBA Emscher Park in den 1990er Jahren entwickelt sich die Tourismusbranche in der Metropole Ruhr ständig weiter und die Professionalisierung nimmt stetig zu. Die Kulturhauptstadt Europas RUHR.2010 war ein besonders wichtiger Meilenstein auf diesem Weg; vor allem das Image der Region hat sich national wie auch international deutlich verbessert. Zudem hat die Kulturhauptstadt geholfen, sich auch als Reisedestination zu etablieren.

Deshalb wird die Ruhr Tourismus GmbH (RTG) auch weiterhin über symbolhafte Veranstaltungen die Erin-

RUHR.2010: Schachtzeichen
Foto: RVR/Stefan Ziese

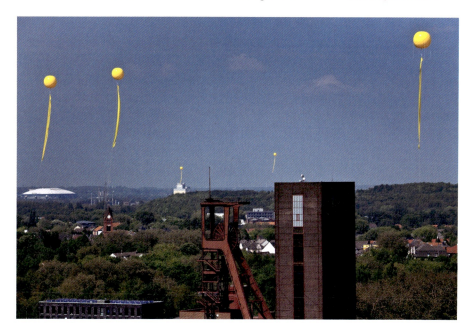

nerung an die Kulturhauptstadt am Leben erhalten. Ein wichtiges Projekt ist z. B. der !SING – DAY OF SONG. Im Jahr 2012 haben sich mehr als 1.500 Gesangsgruppen mit 50.000 Menschen aus 101 Städten angemeldet. Damit wurde die Zahl aus dem Kulturhauptstadtjahr verdoppelt. Umso erfreulicher ist es, dass 2014 der Day of Song wieder unter der Federführung der RTG stattfinden wird. Eine weitere wichtige Veranstaltung in der Metropole Ruhr ist die ExtraSchicht. Zwischen Inszenierungen internationaler Künstler, Kleinkunst und spontanen Improvisationen zeigt sich die Metropole Ruhr als starke Einheit und lässt Industriekulissen zur Bühne werden. Seit ihrer Premiere im Jahr 2001 bringt die ExtraSchicht das Revier in Bewegung. Inzwischen legen mehr als 200.000 Besucher Jahr für Jahr ihre persönliche ExtraSchicht ein.

Anlässlich der Kulturhauptstadt Europas RUHR.2010 haben sich 20 Kunstmuseen in 15 Städten der Metropole Ruhr zum Netzwerk der RuhrKunstMuseen zusammen-

Picknick an der Ruhr
Foto: RVR/Joachim Schumacher

Tauchen im Landschaftspark Duisburg Nord
Foto: RVR/Stefan Ziese

geschlossen. Mit den RuhrKunstMuseen verfügt das Ruhrgebiet über eine herausragende Museumsdichte und eine der international größten Sammlungen moderner und zeitgenössischer Kunst. Im Sinne der Nachhaltigkeit von RUHR.2010 arbeiten die RuhrKunstMuseen und die RTG gemeinsam daran, das Ruhrgebiet auch nach dem Kulturhauptstadtjahr als spannendes Reiseziel mit einer überraschenden und vielfältigen Kunst- und Kulturlandschaft zu positionieren.

Durch den Tourismus vor Ort sowie zahlreiche identitätsstiftende Veranstaltungen konnte das Selbstbewusstsein der Bürger enorm gestärkt werden. Die Bürger sind inzwischen stolz auf ihre Heimat und betrachten die Region immer mehr als (Kultur-)Metropole.

Durch die touristische Entwicklung der Metropole Ruhr wurde und wird auch der Freizeitwert vor Ort erhöht. Freizeit- und Kulturangebote werden von auswärtigen Besuchern frequentiert und damit ausgelastet. In der Folge entstehen auch vielfach neue Angebote.

Volksfest für Millionen: Die Cranger-Kirmes in Herne Foto: RVR/Ralph Lueger

Auf diese Weise kann die Lebensqualität der Einwohner verbessert werden und die Region ist dadurch im Wettbewerb um die Arbeitsplätze der Zukunft gut gerüstet. Zudem trägt das touristisch bedingte Steueraufkommen zu einer Verbesserung der Haushaltslage von Kommunen bei.

Unsere Potenziale sind auf jeden Fall noch lange nicht ausgeschöpft, da die Region einen enormen Nachholbedarf hat. Es geht jetzt darum, geeignete und auch finanzierbare Kommunikationsmaßnahmen bzw. Kampagnen für die Region zu entwickeln, um sie als Reiseziel weiter am Markt zu positionieren und um unter anderem die Übernachtungszahlen weiterhin zu steigern. Seit 2002 ist die Zahl der Übernachtungen in der Metropole Ruhr um 48,5 Prozent gestiegen. In absoluten Zahlen bedeutet dies einen Sprung von 4.730.952 Übernachtungen im Jahr 2002 auf 7.024.162 Übernachtungen im Jahr 2012.

Neben den Übernachtungszahlen sind aber auch die Tagesbesucher ein wichtiger Indikator. Wünschenswert wäre, dass die 30 besucherstärksten Touristenattraktionen der Metropole Ruhr insgesamt einen jährlichen Besucherzuwachs von circa fünf bis zehn Prozent erreichen würden. »Nebenziele« darüber hinaus sind der weitere Ausbau der touristischen Angebotsinfrastruktur und natürlich die Verstetigung des Prozesses des Imagewandels. Langfristig muss es das Ziel sein, ein ähnliches Verhältnis zwischen Einwohnern und Übernachtungen zu erzielen, wie es die großen städtetouristischen Destinationen Deutschlands haben, nämlich 1:4.

Deutsches Fußballmuseum in Dortmund
Magische Momente für ein emotionales Ausstellungserlebnis
von Manuel Neukirchner

In zentraler Innenstadtlage von Dortmund, unmittelbar gegenüber dem Hauptbahnhof, entsteht bis 2015 das Deutsche Fußballmuseum. Der Deutsche Fußball-Bund (DFB) als Initiator des Projekts hatte gute Gründe, NRW und dem Ruhrgebiet den Zuschlag für dieses einzigartige Projekt zu erteilen. In kaum einer anderen Region Deutschlands finden wir diese hohe Vereinsdichte und große Fußballtradition. Der Ballungsraum Ruhrgebiet ist mit seinen rund fünf Millionen Menschen aus 170 Nationen eine bedeutende und vielschichtige Kulturlandschaft, in der Fußball seinen unumstößlichen Platz hat. Daher ist Dortmund der ideale Standort für unseren »Ballfahrtsort«.

Die Errichtung des Deutschen Fußballmuseums hat der DFB von langer Hand geplant. Schon zum 100-jährigen Jubiläum des Verbandes im Jahr 2000 realisierte der DFB ein anspruchsvolles Konzept im Gasometer in Oberhausen. Die Ausstellung »Der Ball ist rund« wurde zum großen Erfolg und lockte innerhalb von fünf Monaten mehr als 200.000 Besucher an.

Doch erst nach der Fußball-WM 2006 in Deutschland war für den DFB der passende Zeitpunkt gekommen, die Idee von einer Dauerausstellung zu verwirklichen. Das hervorragende wirtschaftliche Ergebnis des Turniers lieferte die finanzielle Grundlage, dem Fußball einen dauerhaften öffentlichen, musealen Raum zu geben.

Wir planen einen Ort, an dem emotional geladene Fußballgeschichte durch unsere szenografische Ausstellung erlebbar werden soll. »Wir sind Fußball!« lautet unser Motto, das als Einladung an alle Fußballfans und Fußballinteressierte zu verstehen ist – mittlerweile fühlt sich jeder dritte Deutsche ab 14 Jahren mit dem Fußball emotional verbunden.

Im September 2012 gaben NRW-Ministerpräsidentin Hannelore Kraft, DFB-Präsident Wolfgang Niersbach, Dortmunds Oberbürgermeister Ullrich Sierau und der Ehrenspielführer der deutschen Nationalmannschaft Uwe Seeler mit dem symbolischen ersten Spatenstich den Startschuss für dieses außergewöhnliche Vorhaben. Auf dem Platz, auf dem bis 2011 noch der Dortmunder Busbahnhof beheimatet war, entsteht ein Erinnerungsort für den deutschen Fußball, der weit über die Grenzen von NRW hinaus wirken wird. Das ist unser Auftrag, das ist unser Anspruch.

Transparent, funktional, dynamisch – diese Attribute kennzeichnen den Neubau des Deutschen Fußballmuseums, das vom renommierten Düsseldorfer Architektenbüro HPP Hentrich-Petschnigg & Partner entworfen wurde. Der Gebäudekörper wird im Wesentlichen gegliedert durch das lichtdurchflutete Erdgeschoss und die metallene Haube, die die beiden Ausstellungsebenen im ersten und zweiten Obergeschoss umhüllt. Die durch Stanzungen strukturierte Leichtmetallfassade inszeniert das Fußballthema nach außen. Darüber hinaus trägt ein LED-Band an der östlichen Stirnseite des Gebäudes den kommunikativen und interaktiven Charakter des Hauses in den öffentlichen Raum. Der Vorplatz im östlichen Bereich wird als hochwertige Fläche mit außengastronomischem Angebot ausgebildet, die das Konzept der Dortmunder Kunst- und Kulturmeile um eine begeh- und bespielbare urbane Bühnenfläche erweitert und gleichzeitig

Manuel Neukirchner ist Sprecher der Geschäftsführung der DFB-Stiftung Deutsches Fußballmuseum. Ihm obliegt die Gesamtleitung und Gesamtverantwortung der inhaltlichen und gestalterischen Entwicklung des Deutschen Fußballmuseums.

einen neuen Stadtraum mit hoher Gestaltungs- und Aufenthaltsqualität schafft.

Der Entwurf für das rund 7.000 Quadratmeter große Ausstellungshaus für den deutschen Fußball hat die Aufgaben des Ausstellungskonzepts vollständig aufgenommen und setzt die Planung architektonisch mit hoher Flexibilität und Transparenz um. Aus diesem Zusammenspiel entsteht eine repräsentative, innovative, multimediale und inhaltlich anspruchsvolle Erlebniswelt.

In der Ausstellungskonzeption spielen Objekte, Grafik, Sound, Film im Raum und mediale Verwandlungsräume mit der Magie des Fußballs. Die ganze thematische Vielfalt des Fußballsports und seine komplexen gesellschaftlichen, sozialen, kulturellen und ökonomischen Effekte werden in einer klaren, leicht verständlichen Anordnung vermittelt. Inhaltliche Leitmotive vermitteln Historisches, Hintergründiges, Nachdenkliches ebenso wie Unterhaltsames mit überraschenden Momenten.

Dabei werden Exponate, Objekte und Dokumente in eine erlebnisreiche Szenografie und Dramaturgie eingebettet. Das Museum wird zuweilen ein Verwandlungshaus, das den Besucher mit wechselnden Sound- und Lichtverhältnissen überrascht. Die Wechselwirkung von Inhalt, Exponat, Szenografie, Design und Architektur ermöglicht ein interaktives und emotionales Ausstellungserlebnis. In den Ausstellungsrundgang integriert ist das Fan-Bistro mit der Servicegastronomie des Museums. Im zweiten Obergeschoss befindet sich ein weiterer Bar-, Restaurant- und Konferenzbereich mit separatem Zugang.

Das Museum wird nicht allein ein Ort des Bewahrens und Ausstellens sein, sondern gleichsam ein lebendiges Forum der Begegnung und Diskussion für alle Mitglieder der Fußballfamilie, für Fans und Vereine, für Verbände und Förderer oder für Partner und Sponsoren. Zur Lebendigkeit des Museums wird unser kulturelles Begleitprogramm beitragen. Preisverleihungen, Pressekonferenzen, Lesungen oder TV-Produktionen im Veranstaltungsbereich zählen ebenso zum Angebot. Und: Das Deutsche Fußballmuseum wird Lernort werden; pädagogische Inhalte für Schulklassen und Kinder sind feste Bestandteile des Museumskonzepts.

Seit 2010 denken, entwerfen und planen wir das zukünftige Deutsche Fußballmuseum. Nach der konzeptionellen Vorlaufphase, nach erfolgtem Spatenstich und der Grundsteinlegung konnten wir das Gebäude 2013 wachsen sehen. Nach dem Rohbau werden zu Jahresbeginn 2014 der Innenausbau, der Fassadenbau und die technische Gebäudeausrüstung erfolgen. Im dritten Quartal 2014 werden wir bei einem optimalen Bauverlauf mit dem Aufbau der Ausstellung beginnen können. Danach richtet sich die Aufmerksamkeit auf die Eröffnung – die erste Jahreshälfte 2015 ist das Ziel.

»Wir sind Fußball!« Dieses Motto wird für das Deutsche Fußballmuseum Programm sein – eine Institution zu sein für den gesamten deutschen Fußball, für den DFB, für die Liga, für mehr als 26.000 Vereine an der Basis des Fußballs und für unzählige Fans. Mehr als 20 Büros und ausführende Baufirmen sind in den Realisierungsprozess eingebunden. Alle Beteiligten arbeiten an der Vision, einen einzigartigen, außergewöhnlichen Ort für den deutschen Fußball entstehen zu lassen. Der Umgang mit der Geschichte, aber auch mit der Gegenwart und Zukunft des Fußballs, der seinen unverrückbaren Platz in der Gesellschaft längst gefunden hat, ist ein enormer Antrieb.

Planung

Der Radschnellweg Ruhr von Duisburg bis Hamm

von Martin Tönnes und Ulrich Heckmann

Ulrich Heckmann ist Teamleiter »Bauunterhaltung, Infrastruktur, Fahrradregion« im Eigenbetrieb »RVR – Route der Industriekultur« sowie Projektleiter Radschnellweg Ruhr.

Für den geplanten Radschnellweg Ruhr von Duisburg bis Hamm erarbeitet der RVR im Rahmen des Nationalen Radverkehrsplans seit Ende 2012 mit Förderung des Bundesministeriums für Verkehr, Bau und Stadtentwicklung (BMVBS) eine Machbarkeitsstudie. Eine bereits im Jahr 2011 erstellte Konzeptstudie bildet dafür die Grundlage. In der Machbarkeitsstudie werden die infrastrukturellen Anforderungen, die Linienführung und Fragen der Finanzierung und Trägerschaft bearbeitet. Weiterhin sind eine Kosten-Nutzen-Analyse sowie ein Kommunikationskonzept Teil der Studie, die im Frühjahr 2014 vorliegen soll.

Ausgangslage

Mit dem rund 700 Kilometer umfassenden regionalen Radwegenetz ist die Radverkehrsinfrastruktur im Ruhrgebiet bereits gut entwickelt, setzt bislang ihre Schwerpunkte jedoch im Freizeit- und Tourismusverkehr. Eine hochwertige regionale Verbindung für den Alltagsverkehr fehlt bislang. Dabei besteht ein enormes Potenzial gerade zwischen den hoch verdichteten zentralen Städten des Ruhrgebiets.

Martin Tönnes ist Bereichsleiter Planung und Stellvertretender Regionaldirektor des RVR.
Foto: RVR/Wiciok

Projektidee

Zwischen Duisburg und Hamm sollen auf rund 85 Kilometer Länge die Innenstädte von sieben Großstädten (davon vier Oberzentren), vier Universitäten, mehrere Fachhochschulen, große städtebauliche Neuentwicklungen und weitere wichtige Alltags- und Freizeitziele miteinander verbunden werden. Impulsgeber für die Projektidee waren unter anderem die Aktion »Still-Leben« im Rahmen der Kulturhauptstadt Europas RUHR.2010 sowie positive Beispiele und Erfahrungen aus dem Ausland, insbesondere den Niederlanden.

Ziele

Der Radschnellweg Ruhr soll als hochwertiges Infrastrukturangebot den Radverkehrsanteil steigern und dadurch einen Beitrag zum Umwelt- und Klimaschutz sowie zur Gesundheitsförderung leisten. Darüber hinaus soll er Impulse in der lokalen Radverkehrsentwicklung setzen, die multimodale Mobilität verbessern und im Sinne eines Premiumprodukts in den urbanen Kontext eingebunden werden.

Im Kulturhauptstadtjahr wurde die A40 zur Radautobahn.
Foto: RVR

Der Radschnellweg Ruhr bildet innerhalb des bestehenden und weiter auszubauenden regionalen Radwegenetzes **das** zentrale Rückgrat einer nachhaltigen Mobilität in der Metropole Ruhr. Ein Ausgangspunkt ist dabei das Projekt »Rheinische Bahn«. Diese alte Güterbahntrasse wird derzeit vom RVR zwischen Essen und Duisburg zu einer weitgehend kreuzungsfreien Radwegeverbindung ausgebaut. Der erste Abschnitt von Essen in Richtung Mülheim an der Ruhr ist auf einer Länge von rund fünf Kilometern bereits realisiert und beginnt unmittelbar an der Haustür der Universität Duisburg-Essen in der Innenstadt von Essen.

Potenziale

Im unmittelbaren Einzugsbereich des Radschnellwegs wohnen mehr als eine Million Menschen und sind über 430.000 Arbeitsplätze angesiedelt, daneben eine Reihe weiterer Einrichtungen wie Hochschulen, Einkaufszentren und Sehenswürdigkeiten. So finden sich im engeren Einzugsbereich von rund zwei Kilometern entlang der Trasse 15 Hochschulen mit rund 117.000 Studierenden.

E-Mobilität

Ein wachsendes Nutzerpotenzial entsteht durch die zunehmende Verbreitung von Pedelecs, mit denen größere Distanzen zurückgelegt werden können und durch die sich die Reisezeiten erheblich vermindern (z. B. zwischen der TU Dortmund und dem Hauptbahnhof Bochum von rund 70 Minuten im heutigen Netz auf rund 36 Minuten über den Radschnellweg).

Qualitätsanforderungen

Eine wesentliche Planungsgrundlage bilden Qualitätsanforderungen an die Wegeinfrastruktur mit entsprechenden Ausbaustandards, wie z. B.:
- direkt geführt, möglichst geradlinig
- Trennung von Fuß- und Radverkehr
- Verknüpfung mit den innerstädtischen Radwegenetzen
- vier Meter breit, Mittelstreifen (bei selbstständig geführten bzw. Zweirichtungsradwegen)
- weitere Führungsformen: Einrichtungsradwege/ Radfahrstreifen (drei Meter Breite je Richtung), Fahrradstraßen
- in der Regel asphaltiert, innerorts beleuchtet, Winterdienst
- weitgehend kreuzungsfrei
- radfahrerfreundliche Querungen und Kreuzungen

Nur wenn diese hohen Qualitäten weitestgehend beachtet werden, kann der Radschnellweg Ruhr seine Potenziale für eine zukunftsweisende Mobilität in der Metropole Ruhr voll entwickeln. Gleichwohl sind in der praktischen Umsetzung aufgrund der innerstädtischen Lage mit ihren vielfältigen räumlichen Restriktionen Kompromisse unausweichlich. Von zentraler Bedeutung ist, dass trotz allem die Grundidee des Radschnellwegs auf der gesamten Trasse von Duisburg bis Hamm durchgehalten wird.

Machbarkeitsstudie

Im Rahmen der Konzeptstudie sind erste Varianten einer Trassenführung des Radschnellwegs aufgezeigt worden. Aktuell wird die Streckenführung in der Machbarkeitsstudie im Hinblick auf die Ausbaustandards, mögliche Konfliktlösungen und Kostenermittlung detailliert untersucht und eine Ausbauvariante durchgearbeitet. In einem Planungs- und Gestaltungshandbuch werden Planungslösungen für die Strecke dargestellt. Dabei werden auch die wichtigen Anschlüsse und Anbindungen an das regionale Radwegenetz und die kommunalen Radwegenetze berücksichtigt.

Auf Grundlage des ermittelten Kostenrahmens werden ein Ausbauprogramm sowie Finanzierungs- und Trägerschaftsmodelle entwickelt. Eine Kosten-Nutzen-Analyse wird den volkswirtschaftlichen Nutzen ermitteln, um die weiteren Entscheidungsprozesse auf eine solide Basis zu stellen.

Ein wichtiger Baustein der Studie ist ein Kommunikationskonzept, das Maßnahmen zur Öffentlichkeitsarbeit und Partizipation zielgruppenspezifisch nach innen und nach außen entwickelt. »RS1 – Der schnellste Weg durchs Revier«: Diese Botschaft wird die Region in den nächsten Monaten immer häufiger begleiten. Nach der B1 signalisiert das Logo RS1, dass dies der erste Radschnellweg in Deutschland werden wird und die Metropole Ruhr mit diesem Projekt an der Spitze einer zukunftsweisenden Mobilität steht.

Darüber hinaus organisiert der RVR projektbegleitend einen bundesweiten Arbeitskreis. Mit dieser fachlichen Informations- und Diskussionsplattform wird der Modellcharakter des Projekts unterstrichen und kann sich die Metropole Ruhr bundesweit im Bereich »innovative Mobilität« profilieren.

Fazit und Ausblick

Das Projekt Radschnellweg Ruhr von Duisburg bis Hamm ist von herausragender strategischer Bedeutung für die Realisierung einer zukunftsweisenden urbanen Mobilität und wird durch den bundesweiten Modellcharakter Strahlkraft entwickeln. Es hat bislang in der Öffentlichkeit, in der Presse, bei den Städten und auch beim Land NRW eine durchweg positive Resonanz erzeugt.

Im Frühjahr 2014 soll die Machbarkeitsstudie vorliegen. Damit wird eine wichtige Planungs- und Entscheidungsgrundlage für die anstehenden politischen Beratungen und die weitere Realisierung geschaffen. Finanzierung und Trägerschaft werden dabei besonders wichtige Aspekte sein. Hier hat das Land NRW signalisiert, im Zuge einer Neufassung des Straßen- und Wegegesetzes Finanzierung und Trägerschaft für Radschnellwege, die den oben genannten Premiumanspruch erfüllen, zu übernehmen. Entscheidend ist jedoch letztlich ein möglichst breiter Konsens aller beteiligten Institutionen und der Bevölkerung, um die faszinierende Vision »Radschnellweg« Wirklichkeit werden zu lassen. Die Eröffnung der gesamten Trasse könnte im Jahr 2020 Realität werden, wenn alle Kräfte auf diese anspruchsvolle Zielsetzung hinarbeiten. Zum 100-jährigen Geburtstag des RVR würde sich die Region damit ein tolles Geschenk für das Ruhrgebiet von morgen und natürlich auch an die Bürger machen.

Neue Lebensqualität im Emschertal
Flussverwandlung für eine nachhaltige Stadtlandschaft
von Jochen Stemplewski

Eigentlich ist sie nur ein kleiner Fluss, die Emscher. Doch sie schreibt mehr Geschichte als mancher große Strom: Geschichte für Millionen Menschen, über mehrere Jahrhunderte des Wandels. Mitten durch den dicht besiedelten Industrie- und Ballungsraum Europas fließt unser Fluss, das Herzstück des Reviers. Hinter Deichen versteckt, fast unbeachtet, schweigend, zuverlässig erfüllt sie ihre Aufgaben: das Abwasser von fast drei Millionen Menschen und der Industrie fortzuleiten. Fast unsichtbar, aber immer da und nah ist sie eines der verbindenden Elemente des Reviers, besonders früher manchmal mehr zu riechen als zu sehen, die »Schwatte«, wie sie fast liebevoll genannt wurde.

Rund 100 Jahre prägte der Abwasserfluss die Vorstellungen von der Emscher und er tut es noch. Fast vergessen die historische, alte Emscher im ländlichen Raum vor über 200 Jahren – fast noch nicht vorstellbar die neue Emscher, das Neue Emschertal, das die Landschaft zwischen Dortmund und Dinslaken einmal mehr und dann endgültig verwandeln wird. Das Emschertal hat diesen Strukturwandel nötig, lange war es in seinen Möglichkeiten sehr eingeschränkt. Der Umbau des Emschersystems, das wohl größte Renaturierungsprojekt in Europa und das größte Infrastrukturprojekt des Reviers, zeigt heute, wie die Modernisierung der Wasserwirtschaft und der Umbau eines Flusssystems zu einem ökologisch intakten, attraktiven Erlebnisraum

Jochen Stemplewski ist Vorstandsvorsitzender der Emschergenossenschaft.
Foto: Emschergenossenschaft

Veränderungs- und Lernprozesse anstoßen kann, die das Potenzial der Region nachhaltig erschließen. Dieser Prozess macht das Emschertal zu einem Modellfall für andere Regionen weit über Deutschland hinaus.

Aller guten Dinge sind drei: die Wandlungen der Emscher als Gemeinschaftsaufgabe

Der heutige Ballungsraum Ruhrgebiet lässt kaum mehr erahnen, dass sein zentraler Fluss, die Emscher, noch vor rund 200 Jahren einen dünn besiedelten ländlichen Raum durchfloss, in dem die heutigen Großstädte meist nur Kirchspiele waren und Wassermühlen die bedeutendsten Energielieferanten. Die »ländliche Emscher« war bekannt für ihren Reichtum an Fischen und Krebsen – ein Naturfluss war sie auch damals schon nicht mehr.

Die neu gestaltete Emscher in Dortmund
Foto: RVR

Mit den Funden von Raseneisenerz und dem Beginn des Bergbaus verlor die Region spätestens im 19. Jahrhundert ihren ländlichen Charakter. In wenigen Jahrzehnten stieg der Kohlenabbau um das 25-Fache, die Bevölkerungszahl verzehnfachte sich. Immer mehr Zechen und Industriebetriebe leiteten ihre Abwässer in die Emscher. Großflächige Bergsenkungen verschlechterten den Abfluss, tief liegende Geländebereiche wurden auf Dauer überflutet. Die stehenden Abwässer führten zur Ausbreitung von Seuchen wie Typhus, Cholera und Malaria.

Nicht zuletzt das Gebot des Erhalts der Arbeitskraft in der jungen Industrieregion verlangte nach einer zuverlässigen Lösung für die enormen wasserwirtschaftlichen Probleme. Eine Lösung, die nicht an den Stadtgrenzen Halt machte – Abwasser und Hochwasser taten es schließlich auch nicht. Nicht zuletzt deshalb waren die Alleingänge einzelner Akteure zur Minderung der wasserwirtschaftlichen Missstände stets gescheitert.

Nur in einer gemeinsamen Anstrengung konnte dies gelingen. Dem neuen Gedanken einer Genossenschaft folgend (das Gesetz des Preußischen Staates zur Gründung von Genossenschaften war erst zehn Jahre alt) wurde 1899 die Emschergenossenschaft gegründet, als Zusammenschluss aller Kommunen, der Bergbautreibenden und der Industrieunternehmen der Region, dem genossenschaftlichen Gedankenmodell von Selbstverwaltung und Selbstverantwortung folgend. Dieses Modell ist heute so modern wie vielleicht nie zuvor – erst 2012 war das Internationale Jahr der Genossenschaften der Vereinten Nationen. Ebenso modern und folgerichtig ist das Denken und Handeln in einem ganzen Flusseinzugsgebiet – lange vor der Einführung der Europäischen Wasserrahmenrichtlinie im Jahr 2000.

Die junge Genossenschaft erledigte ihren Auftrag in dem 870 Quadratkilometer großen Flussgebiet mit großer Akribie und Effizienz: Die Emscher wurde begradigt, vertieft, eingedeicht und dabei von ursprünglich 109 auf 81 Kilometer verkürzt. Auch die Nebenbäche wurden in mit Sohlschalen aus Beton ausgekleidete Kanäle verwandelt – ein System von insgesamt rund 350 Kilometern offener Schmutzwasserläufe mit einer einzigen Aufgabe: Abwässer, Niederschläge und Hochwasser zuverlässig abzutransportieren. Eine unterirdische Kanalisation war ausgeschlossen – durch die häufigen Bergsenkungen wären die Rohre immer wieder zerstört worden. Die Lösung war hocheffizient; ohne den damaligen Gewässerumbau hätte sich die Region nicht zum industriellen Zentrum Europas entwickeln können.

Die »technische Emscher« prägte das Gesicht der Region viele Jahrzehnte lang. Nach der Nordwanderung des Bergbaus waren keine gravierenden Bergsenkungen mehr zu erwarten, sodass sich ab Ende des 20. Jahrhunderts die Chance bot, das Abwasser in unterirdischen Kanälen abzuleiten. Seitdem erhält die Emscher ihr drit-

Die Emscher – wiedergeboren als naturnaher Fluss.
Foto: RVR

tes Gesicht, das gleichsam Spiegelbild wie Vorbild einer Region ist, die sich seit Langem im Übergang von der Schwerindustrie zu moderner Industrie, innovativer Technologie und Dienstleistung befindet. Der letztmalige Umbau des Emschersystems ist ein Projekt, dessen Dimensionen – auch im internationalen Maßstab – einzigartig sind. Es ist ein Generationenprojekt, das von seinem Beginn Anfang der 1990er Jahre bis zur Abwasserfreiheit aller Wasserläufe fast drei Jahrzehnte beansprucht.

Das Investitionsvolumen beträgt rund 4,5 Milliarden Euro, von denen gegenwärtig mehr als 250 Millionen Euro pro Jahr aufgewendet werden – über eine Million Euro an jedem Arbeitstag. Inzwischen sind mehr als 2,3 Milliarden Euro investiert, neue, große Kläranlagen nach dem Stand der Technik errichtet, mehr als 250 Kilometer an Abwasserkanälen gebaut und 115 Kilometer Flussläufe in saubere Gewässer verwandelt.

Um 2017 soll der Bau der Abwasserkanäle abgeschlossen sein, rund drei Jahre später dann die gesamte Gewässerumgestaltung, die die Grundlage für neue, naturnahe Gewässer schafft – von der »schwatten« zur »blauen« Emscher der Zukunft. Auch dieser Emscher-Umbau, der an Aufwand den früheren Ausbau zur technischen Emscher um ein Vielfaches übertrifft, setzt auf das Erfolgsmodell der Genossenschaft, des gemeinschaftlichen und verantwortungsbewussten Handelns aller Kräfte der Region.

Umgestaltung im Dialog: Partizipation und ein Masterplan

Großprojekte machen oft mehr durch negative Schlagzeilen von sich reden als durch erfolgreiche Umsetzung. Häufig sind es gerade die Infrastrukturprojekte, die sich als besonders schwierig erweisen, bedingen sie doch einen breiten Konsens von Betroffenen, Interessenvertretern und potenziellen Nutzern. Auch der Emscher-Umbau ist ein großes Infrastrukturprojekt, das weit über seine wasserwirtschaftliche Zielsetzung hinaus wirkt. Die Emschergenossenschaft setzt dabei auf den Dialog und die Zusammenarbeit aller Beteiligten.

Gebündelt werden die Ergebnisse dieses Dialogs seit 2006 im Masterplan Emscher-Zukunft. Als anpassungsfähige und lernende Planungsgrundlage sorgt der Masterplan für den Konsens zwischen den Akteuren. Der Masterplan setzt Impulse für die Raum- und Stadtplanung, entwickelt ein Gestaltungskonzept, harmonisiert ökologische und wasserwirtschaftliche Anforderungen.

»Auch der Emscher-Umbau ist ein großes Infrastrukturprojekt, das weit über seine wasserwirtschaftliche Zielsetzung hinaus wirkt.«
Foto: RVR

Beim Emscher-Umbau ist eine breite Bürgerbeteiligung in allen Teilschritten essenziell. Dazu werden nicht nur lokal Bürgerinformationen zu den oft aufwendigen und langwierigen Baumaßnahmen durchgeführt, Bürgerbüros eingerichtet und nach erfolgten Meilensteinen auch Bürgerfeste gefeiert. Das erfolgreich absolvierte Planfeststellungsverfahren für den über 50 Kilometer langen Abwasserkanal parallel zur Emscher mit mehreren Tausend Beteiligten zeigt, dass auch Großprojekte im Ballungsraum realisierbar sind. Die regionale Identifikation mit dem großen Infrastrukturprojekt wird durch Kunst- und Kulturprojekte unterstützt, diese vermitteln den Wandel der Region auf künstlerische Weise, zeigen auf, was möglich wird, und schaffen einen eigenen Wert.

Meilensteine des Emscher-Umbaus: Die Erfolge werden sichtbar

Die erste Etappe auf dem Weg zu einer modernen wasserwirtschaftlichen Infrastruktur war der Bau von vier modernen Großkläranlagen in den 1990er Jahren. Sie reinigen das Abwasser der Region nach dem Stand der Technik. Der Bau moderner unterirdischer Abwasserkanäle als zweiter Schritt ist die Voraussetzung dafür, die Haupt- und Nebenläufe der Emscher Schritt für Schritt wieder in möglichst naturnahe Gewässer umzugestalten.

Der Emscher-Umbau kann heute auf zwei Jahrzehnte erfolgreichen Gewässerumbaus zurückblicken, ein großer Erfahrungsschatz, der in allen Schritten gut dokumentiert ist. Die bereits vor längerer Zeit umgebauten Bäche und der auf 23 Kilometern schon abwasserfreie Oberlauf der Emscher in Dortmund zeigen, wie schnell und vielfältig sich die Natur ihren Lebensraum zurückerobert. Eine neue urbane Biodiversität entsteht, seit Beginn des Umbaus ist die Zahl allein an gewässerbewohnenden Tierarten auf mehr als das Doppelte angestiegen, manch bedrohte Tier- und Pflanzenart findet an den neuen Emschergewässern eine sichere Zukunft, wie die seltene Emschergroppe, eine Kleinfischart.

Durch die Umgestaltung der Gewässer zu ökologisch intakten Flüssen und Bächen werden auch die Freiräume an ihren Ufern aufgewertet. Aus eingezäunten Meideräumen werden einladende Grünflächen mit hohem Freizeit- und Erholungswert. Ein dichtes Netz von Rad- und Wanderwegen entsteht parallel zum Umbau der Wasserläufe, City-Trails verbinden Nachbarstädte: Neue Infrastrukturachsen quer durch den Ballungsraum Ruhrgebiet stehen für eine nachhaltige urbane Mobilität.

Zusehends kehrt sich die Ausrichtung der Städte um – aus dem Hinterhof wird ein Vorgarten; wo bis-

Aus dem Hinterhof des Ruhrgebiets wird ein Vorgarten.
Foto: RVR

her eine Kloake floss, wird Erholen, Wohnen, Arbeiten, kurz Leben am Wasser möglich. Und wenn es darum geht, Investoren und hoch qualifizierte Arbeitskräfte ins Revier zu holen, ist die Schaffung attraktiver Wohn- und Freizeitangebote ein unschätzbarer Standortfaktor.

Wie weitgehend die Effekte des Emscher-Umbaus für den Strukturwandel in der Region sind, zeigen Beispiele wie der Phoenix-See in Dortmund und der BernePark in Bottrop. Aus aufgegebener Industrie- bzw. Infrastrukturanlage entsteht ein Freizeitsee mit Hochwasserrückhaltefunktion oder ein Stadtteilpark – mit weitreichenden Impulsen für die Quartiersentwicklung.

Auch 2013 wird der Emscher-Umbau durch die Internationale Kunstausstellung Emscherkunst begleitet, ein von der UNESCO ausgezeichnetes Dekadenprojekt der »Bildung für nachhaltige Entwicklung«. Und wenn in einem der insgesamt 30 Kunstwerke der Künstler Rainer Maria Matysick in seiner Installation »Fluss wird Wolke« echtes Emscherwasser im Fünfminutentakt zu Wolken kondensieren lässt, dann erfolgt nicht nur ein Wechsel des Aggregatzustandes von Wasser zu Dampf – es ist ein Symbol für den Gestaltwandel eines ganzen Flusses, einer ganzen Region. Dabei entstehen jedoch nicht nur Wolkenträume einer neuen Emscher: Der Wandel ist längst Realität und lässt sich an vielen Orten erleben, der Wandel zu einer neu wiedergeborenen Region.

RRX und Betuwe-Linie – das waren zwei lange und komplizierte Geburten ...

Interview von Stefan Laurin mit Michael Groschek

Michael Groschek: Das waren lange und schwierige Geburten. Und es war, was die Betuwe-Linie betrifft, angesichts der Verkehrsverhältnisse und gegenüber den Niederlanden eine Zumutung.

Was waren die Gründe, warum es bei der Betuwe-Linie fast 30 Jahre gedauert hat, bis auf deutscher Seite mit dem Projekt begonnen werden kann?
Groschek: Im Wesentlichen gab es dafür zwei Gründe: zum einen ein Finanzierungsdefizit, das wir uns in Deutschland bei der Infrastruktur erlauben. Zweitens eine Prioritätensetzung im Bund, der nicht begreift, dass die Hafenanbindung der Niederlande und Belgiens mit den Häfen Rotterdam und Antwerpen im deutschen Interesse liegen. Da ist eine Heimattümelei an der Tagesordnung gewesen, die vergessen hat, dass man bei der Hafenpolitik europäisch und nicht national denken muss.

Niedersachsen, Bremen und Hamburg arbeiteten gegen das Projekt?
Die Norddeutschen haben ihre Häfen im Fokus bzw. die Infrastrukturausstattung der Häfen in Nord- und Nordostdeutschland und wir haben unsere Überseehäfen in den Niederlanden und Belgien im Blick.

Michael Groschek ist Minister für Bauen, Wohnen, Stadtentwicklung und Verkehr des Landes Nordrhein-Westfalen.
Foto: MBWSV

Wann wird die Betuwe-Linie fertig werden? Wie bei jedem Infrastrukturprojekt müssen Sie mit zahlreichen Klagen von Anwohnern und Verbänden rechnen.
Wir sind in einer guten Partnerschaft mit der Bahn, um das Klagerisiko so gering wie möglich zu halten. Wir haben dazu ganz neue Formen der Öffentlichkeitsarbeit begonnen. Das beginnt mit einem politisch besetzten Projektbeirat, um Kommunal-, Landes- und Bundespolitik einzubinden; das geht weiter über rollende Bürgersprechstunden bis hin zu Hörproben, in denen die moderne Geräuschdämpfung für die interessierten Bürger hörbar wird. Sie können dann erfahren, wie Schienen mit und ohne Schichtdämpfer klingen, und sich anhören, wie laut Züge mit und ohne Lärmschutzwand sind – all das ist ganz praktisch zu hören und das minimiert, glaube ich, ganz deutlich Widerstände. Es gibt jetzt noch einige wenige ungelöste Probleme. Eines bezieht sich auf eine gewünschte Troglage im Reeser Raum, das andere ist ein Lärmminderungsproblem in Meerhog. Aber im Großen und Ganzen ist das Projekt jetzt auf der Schiene. Allerdings haben wir noch nicht alle Planfeststellungsverfahren begonnen – das letzte steht noch aus.

Gibt es einen Zeithorizont, wann der erste Zug auf dieser Strecke fahren wird?
Da will ich mich nicht festlegen, zunächst muss Baurecht in den Planfeststellungsverfahren erlangt werden Die Betuwe-Linie passt zum politischen Gebot, Güter von der Straße auf die Schiene zu bringen, das seit Jahrzehnten postuliert, aber nicht praktiziert wird. Diese Strecke ist ein großer Schritt in die richtige Richtung.

Was wird die Betuwe-Linie dem Ruhrgebiet wirtschaftlich bringen?
Die Betuwe-Linie wird NRW und das Ruhrgebiet als Logistikstandort deutlich aufwerten. Es wird ganz neue

Möglichkeiten der Kooperation mit dem Seehafen Rotterdam geben, eine neue Qualität von Arbeitsteilung, was das Anlanden und Weiterverarbeiten angeht, und natürlich werden auch die Hafenstandorte Duisburg-Logport mit seinen Satellitenstandorten quer durch das Ruhrgebiet und der Kanalhafen in Dortmund gestärkt.

Das andere große Projekt, das jetzt für einen ersten Teilabschnitt zwischen Köln und Langenfeld in trockenen Tüchern ist, ist der RRX. Vor gut zehn Jahren war er der Ersatz für den damals aufgegebenen Metrorapid. Auch da lag zwischen der ersten Idee und dem Startpunkt viel Zeit. Warum hat das so lange gedauert? Die Überlastung der Züge im Rheinland und im Ruhrgebiet ist doch bekannt.
Weil der RRX lange als Luxusprojekt galt. 2006 hat sich der Bund verpflichtet, dieses Projekt zu eigenen finanziellen Lasten zu realisieren. Das ist ungewöhnlich und deutschlandweit einmalig. Hier wird ein Premium-Verkehrsangebot für den Regionalverkehr konzipiert und die Pendler an Rhein und Ruhr, aber auch in Aachen und im westfälischen Minden könn-

Der RRX. »Für das Ruhrgebiet ein Quantensprung«
Foto: RVR

ten endlich vom Prinzip »Ölsardine in Bimmelbahn« wegkommen und eine hoch attraktive Alternative zum Auto haben. Der Bund hat sich jetzt definitiv bereit erklärt, seiner Verpflichtung nachzukommen, und wir haben den großen Durchbruch erreicht, weil wir gesagt haben: Wir wollen beides – die Betuwe-Linie für die Container und den ersten Abschnitt des RRX für die Menschen. Die Unterschrift aus NRW gab es nur, wenn auch die Unterschrift zum RRX kommt. Diese Kopplung hat heilsamen Druck ausgelöst und jetzt sind beide Verträge unterschrieben.

Ihr Vorgänger Oliver Wittke sagte über den RRX, einer seiner großen Vorteile sei, dass sich der Nahverkehr des Ruhrgebiets an diesem Zug ausrichten und sich so die Taktzeiten harmonisieren würden.
Das glaube ich auch. Die Folgewirkungen des RRX können gar nicht hoch genug eingeschätzt werden. Wir kommen damit einem NRW-Takt sehr nah, auf dem Abschnitt zwischen Duisburg und Düsseldorf wird der RRX im Zehnminutentakt verkehren. Wir erschließen bis auf das Sieger- und Sauerland ganz NRW und werden abgestimmt auf die RRX-Verkehre den restlichen Schienenverkehr ausrichten. Die Mobilität wird in NRW deutlich gesteigert. Und für das Ruhrgebiet bedeutet der RRX einen Quantensprung, sowohl auf der Hauptstrecke Dortmund-Duisburg als auch für die Emscherregion, weil auch die Mindener Strecke bedient wird. Das ist ein riesiger Vorteil für das nördliche Ruhrgebiet.

Werden für den RRX andere Angebote eingestellt?
Der RRX wird einen Teil der Regionalexpressverkehre ersetzen. Alle anderen Verkehre werden neben ihrer normalen Funktion als Zulieferer dienen. Der RRX wird ein verdichtetes Angebot sein und die neuen Züge kön-

nen schon vorher auf den Regionalexpress-Linien verkehren.

Mit wie vielen Fahrgästen rechnen Sie?
Ich gehe davon aus, dass der RRX mehr als 2,5 Milliarden Personenkilometer pro Jahr erbringt. Für die am stärksten frequentierte Strecke zwischen Duisburg und Düsseldorf rechnen die Experten mit 57.000 Menschen, die allein auf diesem Abschnitt jeden Werktag unterwegs sein werden. Das bedeutet, wir bekommen jeden Tag mehr als 30.000 Menschen von der Straße auf die Schiene. Der RRX wird also ganz entscheidend den Verkehr in NRW entlasten.

Wie lange wird am RRX gearbeitet werden und rechnen Sie auch hier mit Widerständen?
Die Gleisbauarbeiten erstrecken sich in der Hauptsache auf die jetzt schon überlasteten Streckenabschnitte Köln und Duisburg. Ein paar Ergänzungen sind auch im Ruhrgebiet notwendig – unter anderem der Umbau des Bahnknotens Dortmund. Bei den Hauptbaustellen zwischen Köln und Duisburg rechne ich mit Klagen, weil gegen Infrastrukturmaßnahmen das Verbandsklagerecht eben grundsätzlich dazu verführt, Klage einzureichen. Aber letztendlich gehe ich davon aus, dass die Trasse zeitnah ertüchtigt werden kann, wenn die Rechtssicherheit gegeben ist.

Wie bei der Betuwe-Linie werden wir da, wo wir neu bauen, auch den Lärmschutz verbessern, sodass auch die Anlieger einen Gewinn an Qualität haben. Wir haben zu den Ausbaumaßnahmen keine Alternative. NRW, ganz Deutschland, muss dringend in seine Infrastruktur investieren. Viel Geld floss in den vergangenen Jahren in den Osten – wenn wir nicht wollen, dass der Verkehr bald zusammenbricht, muss jetzt Geld in die Hand genommen werden.

Ideenwettbewerb – Next Netzwerkstatt

Nach 40 Jahren erstellt der RVR erstmals wieder die Regionalplanung für das gesamte Ruhrgebiet. Ein Ideenwettbewerb hat dafür Anregungen geliefert.

In Kreisen von Stadt- und Regionalplanern heißt es, dass keine andere Region Europas so spannend sei wie das Ruhrgebiet: Groß und abwechslungsreich sei es, eine Region, in der Großstädte neben Dörfern liegen, stark frequentierte Fußgängerzonen nur wenige Autominuten von Feldern oder Brachen entfernt sind. Das Ruhrgebiet – für Planer hat es seit Jahrzehnten einen besonderen Reiz. 40 Jahre gab es für das Ruhrgebiet allerdings keine gemeinsame Planung: Über die Metropole Ruhr wurde in Düsseldorf, Arnsberg und Münster entschie-

Präsentation der Ergebnisse des Ideenwettbewerbs im Landschaftspark Duisburg Nord.
Foto: RVR

den. Damit ist es vorbei: Im RVR laufen die Planungen für den ersten Regionalplan für das Ruhrgebiet seit vier Jahrzehnten.

Wie schon Paris veranstaltete auch der RVR zu diesem Anlass vorab einen international ausgeschriebenen Ideenwettbewerb. Von April bis Oktober 2013 haben Bürger über 400 »Ruhrideen« zusammengetragen. Zugleich wurden fünf Planungsteams eingeladen, ihre Vorstellungen auszuarbeiten und vorzustellen. Die Teams setzten sich aus Experten aus Berlin, Aachen, Karlsruhe, Darmstadt, Hannover, München, Rotterdam, Mailand, Tokio und Zürich zusammen. Globale Kompetenz für den Wandel im Revier.

Mitte Oktober wurden die Ergebnisse im Landschaftspark Duisburg-Nord vorgestellt. Es gab dabei keine Sieger und Verlierer. Die Ratschläge der Experten, sagte Martin Tönnes, RVR-Bereichsleiter Planung, werden in die Planung des RVR einfließen: »Klar ist, dass wir viel im Bereich Mobilität machen müssen.« Sowohl bei den Ideen der Bürger als auch bei den Arbeiten der fünf Planungsteams stand das Thema im Zentrum.

Viele Ideen der Planer überzeugten: Schienenwege, zu einer »Unendlichkeitsstrasse« zusammengeführt in Form einer abgewandelten Acht – liegend ergibt das das Unendlichkeitszeichen –, könnten den Nahverkehr deutlich verbessern. Mehr Freiräume für Menschen mit Ideen statt weniger Vorschriften würden die Attraktivität des Ruhrgebiets ebenso verbessern, wie eine gemeinsame regionale politische Einheit helfen würde, das Kirchturmdenken zu überwinden. Karola Geiß-Netthöfel, Direktorin des RVR, ist mit dem vorläufigen Ergebnis des aufwendigen Diskussionsprozesses zufrieden:

> »In den zurückliegenden Jahren hat es in der Metropole Ruhr keinen so intensiven Dialog über die Zukunft der Region gegeben wie in den vergange-

nen sechs Monaten. Besonders die Planungsteams haben den Blick von außen mitgebracht. Gleichzeitig hat unsere erfolgreiche Aktion der 1.000 Ruhrideen die Bürger zu Wort kommen lassen. Die nun vorliegenden Arbeiten liefern wichtige Hinweise für die zukünftige Entwicklung der Metropole Ruhr, die der Regionalverband zusammen mit den Städten und Kreisen aufgreifen und weiterentwickeln wird.«

Die internationalen Planungsteams brachten den Blick von außen mit.
Foto: RVR

Wirtschaft

Der Dortmunder Hafen
Knotenpunkt für die Hinterlandverkehre der Seehäfen

Der Dortmunder Hafen hat den Strukturwandel nach Kohle und Stahl erfolgreich abgeschlossen und sich zu einer Logistik-Drehscheibe für das östliche Ruhrgebiet und weit darüber hinaus entwickelt. Seine Potenziale genügen sogar internationalen Anforderungen.

Logistik war ein Fremdwort, als Kaiser Wilhelm II. am 11. August 1899 zur feierlichen Eröffnung nach Dortmund kam. Zugeschnitten auf die Montanindustrie dominierten fast ein Jahrhundert lang Erz und Kohle den Güterverkehr. Noch 1997 machten Eisenerze mit 2,6 Millionen Tonnen fast die Hälfte des Umschlags aus. Das hat sich dramatisch geändert, der Rückzug

Die Dortmunder Eisenbahn bedient auch das Containerterminal.
Foto: Dortmunder Hafen AG/ www.wassmuth-foto.com

der Stahlkocher hat neue Perspektiven geschaffen. 115 Jahre nach der Eröffnung hat sich der Hafen von einem »Wasserbahnhof« für die Schwerindustrie zu einer Logistik-Drehscheibe für die Region entwickelt, zu einem Universalhafen, der mit seiner trimodalen Ausrichtung (Wasser, Schiene, Straße) das Ruhrgebiet und Ostwestfalen, das Sauer- und Siegerland bis nach Nordhessen versorgt und der obendrein mit den Seehäfen in Norddeutschland und den »Big Playern« in Zeebrügge, Amsterdam, Rotterdam und Antwerpen verbunden ist.

Mehr als fünf Millionen Tonnen Güter werden jährlich transportiert und umgeschlagen. Rund 2,8 Millionen Tonnen Transportleistungen sind 2012 auf die Dortmunder Eisenbahn (DE) entfallen. Damit entlastet sie die Straßen um täglich 1.000 Lkw-Fahrten. Längst haben Mineralöle und Baustoffe Erze und heimische Kohle als führende Güter abgelöst. Der Treiber aber sind Container: Sie machen mit zuletzt 840.000 Tonnen

24 Stunden am Tag in Betrieb: das Containerterminal Dortmund
Foto: Dortmunder Hafen AG/ www.wassmuth-foto.com

Begegnung zweier Verkehrsträger im Dortmunder Hafen: Der Weg des Lkw kreuzt den des Schiffes.
Foto: Dortmunder Hafen AG/Vogelsang

bereits 36 Prozent des Umschlags aus und festigen die Position des Hafens als Warenverteiler mit dem höchsten Containervolumen im regionalen Kanalnetz. Dafür steht das Containerterminal Dortmund, das nach dreimaliger Erweiterung auf seine Kapazitätsgrenze von 180.000 Containern pro Jahr zusteuert. Die Zeichen stehen weiter auf Wachstum: Mit Blick auf prognostizierte Steigerungen im Containerverkehr um bis zu 70 Prozent bis 2025 laufen Planungen für den Bau eines Terminals für den Kombinierten Verkehr (VK), das auch Wechselbrücken und Sattelauflieger umschlägt. Bis zu 150.000 Ladeeinheiten pro Jahr sollen in der Endstufe zwischen Straße und Schiene wechseln.

Für die Wirtschaft ist der Hafen zur unverzichtbaren Größe geworden. Davon zeugen 170 im Hafengebiet ansässige Unternehmen aus Industrie, Handel, Spedition und Logistik mit rund 5.000 Beschäftigten. Durch die wirtschaftlichen Aktivitäten werden direkt und indirekt 8.000 Arbeitsplätze gesichert. Die Beschäftigten erwirtschaften ein Jahreseinkommen von 236,7 Millionen Euro. Wertschöpfung fürs östliche Ruhrgebiet: 450 Millionen Euro.

Neben seiner Funktion als regionaler Versorger und Pfeiler der Wirtschaft hat Dortmunds Hafen überdies das Potenzial, zum Knotenpunkt für die Hinterlandverkehre der Seehäfen zu werden. Das unterstreicht eine vom Bundesverkehrsministerium in Auftrag gegebene Studie. Darin wird Dortmunds Kanalhafen bundesweit in die höchste Kategorie eingestuft – als einer von sieben leistungsstärksten Binnenhäfen. Hafen-Vorstand Uwe Büscher freut sich:

»Das Gutachten bestätigt unsere Standortpolitik ausdrücklich. Den Status als Wirtschafts- und Logistikstandort möchten wir kontinuierlich ausbauen.«

Die Bottroper Gruben werden die letzten sein
von David Schraven

Ich komme aus Bottrop. In meiner Jugend habe ich die tausend Feuer der Zechen, Kokereien und Fabriken am Nachthimmel des Ruhrgebietes noch gesehen. Ich habe den Smog erlebt und die darauf folgenden Fahrverbote. Doch die Zeit verändert das Land. Die Häuser im Ruhrgebiet sind nicht mehr alle grau und schwarz. Die Luft ist sauber. Viele alte Stadtteile wurden modernisiert, frisch gestrichen und neu erschlossen. Die Farben sind weiß, gelb und rot. Damals in meiner Jugend gab es noch Grobstaub in der Stadt, heute nur noch Feinstaub, den keiner so richtig ernst nimmt, der den Dreck der siebziger Jahre erlebt hat.

Die Bergbauära geht zu Ende.
Foto: RVR/Oberhäuser

Der Bergbau in Bottrop fraß sich wie im ganzen Ruhrgebiet Jahr um Jahr von den ersten Gruben im Süden weiter nach Norden. Die Schächte der Zechen folgten in der zweiten Hälfte des 19. Jahrhunderts aufeinander wie das Einmaleins. Prosper 1, 2, 3 und 4. An der Stadtgrenze zu Oberhausen wurde schließlich Jacobi abgeteuft, bis irgendwann in den fünfziger Jahren Franz Haniel die Förderung aufnahm. Danach kam noch ein Prosper Schacht und endlich im Jahr 1981 Schacht 10 – die vorerst letzte Grubenanlage in Bottrop, im Revier. Irgendwann wurden alle Schächte zusammengelegt, in einer einzigen Zeche, in der Zeche Prosper-Haniel.

Ich wohne im Norden von Bottrop. In Nähe der Zeche Prosper-Haniel. Jeden Morgen schaue ich auf die Halde der Grube. Ich sehe dort das Kreuz, das an den einzigen Besuch eines Papstes auf einer deutschen Kohleanlage erinnert. In der anderen Richtung sehe ich die Bottroper Zentralkokerei und ihre weißen Wolken, wenn der Koks gestochen wird. Ich sehe auch das Kohlekraftwerk Scholven. Wenn ich meinen Kopf drehe. Alle drei zusammen sind die letzten Monumente des alten Ruhrgebiets.

Dazwischen sehe ich viel Grün. Bäume, Wälder, Parkanlagen. Ich höre die Autobahn und ich sehe die Flugzeuge, die Adern, die die neue Welt des Handels verbinden und die alte Zeit der Kohle ablösen.

Bottrop ist eine Zechenstadt. Immer noch. In Bottrop wird bis 2018 Kohle abgebaut. So lange wird nur noch in Marl eine weitere Grube erhalten. Dann ist Schluss mit der Kohle im Ruhrgebiet. Aber noch ist alles in Bottrop vom Leben rund um die Gruben gezeichnet. Die alten Häuser erzählen die Geschichten des Bergbaus so lebendig wie die Menschen, die in ihnen gearbeitet haben. Meine Oma arbeitete am Ende des Krieges auf einer Bottroper Zeche. Sie war dankbar für die Extrarationen, die es dort gab, und nach dem Sieg der Freiheit war sie dankbar für die Care-Pakete der Amerikaner.

David Schraven ist Ressortleiter Recherche bei der WAZ-Mediengruppe.
Foto: privat

Ja, noch lebt Bottrop von der Grube, von den Schächten, von der Kokerei, von den Ausbildungsplätzen, von den Zulieferungen, von den Männern und Frauen, die auf der Zeche ihr Geld verdienen und es in Bottrop ausgeben.

Doch es ist höchste Zeit, sich auf den Wandel vorzubereiten: Das Zechensterben hat Bottrop schon lange erreicht. Bottroper Arbeiter wurden nach Hause geschickt. Stattdessen kommen die Bergleute heute aus dem ganzen Ruhrgebiet und sogar darüber hinaus aus dem Saarland. In der Bottroper Innenstadt stehen Läden leer, es gibt kein Kino, kein Theater mehr. Firmen machen dicht. Doch auch wenn die Halden hier noch höher und länger werden, ist schon jetzt klar, dass 2018 Schluss ist mit dem Bottroper Bergbau.

Die Stadt bemüht sich. Die staatliche Fachhochschule Ruhr West hat einen ihrer vier Standorte in Bottrop platziert. Die Stadt freut sich über den Titel als Innovation City Ruhr, der helfen soll, den energetischen Umbau der Stadt voranzutreiben. Die Stadt macht sich hübsch, feiert Feste und Veranstaltungen sowie ein neues Netzwerk der Bottroper Creativwirtschaft, das von einer Dortmunder Agentur angeleiert wurde.

Aber Bottrop hat größere Probleme, als dass sie mit Tünche überdeckt werden könnten. Die Gemeinde ist arm. Etliche Sparmaßnahmen mussten beschlossen werden. Die Schließung des Freibades »Stenkhoffbad« konnte eben noch verhindert werden.

Nur dank der Teilnahme am Stärkungspakt NRW kann Bottrop vor dem Kollaps bewahrt werden. Einnahmen von rund 310 Millionen Euro stehen allein in diesem Jahr geplante Ausgaben von 335 Millionen Euro gegenüber. Das Defizit wird durch neue Schulden gedeckt.

Nach den Planungen des Stärkungspaktes sieht es aus, als könnte Bottrop die Kurve kriegen. Im Gegenzug für die schmerzlichen Sparrunden schießt das Land bis zu 10 Millionen Euro jährlich zu. Das Ziel: Spätestens 2018 soll ein ausgeglichener Haushalt vorgelegt werden. Danach sollen Schulden aus Überschüssen zurückgezahlt werden.

Was allerdings in dieser Rechnung nicht bedacht wurde, wie Bottrops Kämmerer Willi Loeven auf Nachfrage bestätigt: die Schließung der Zeche Prosper-Haniel im Jahr 2018. Loeven sagt, das Ende des Steinkohlebergbaus hätte auf die Finanzplanungen der Gemeinde keine große Auswirkung mehr, da die Leute anderweitig Jobs finden würden. Und sowieso sei der Anteil der Zeche an den kommunalen Einnahmen nicht so hoch.

Ich lebe in Bottrop. Jeden Morgen sehe ich die Zeche. Und die Leute, die dort hingehen.

Ich sehe in den Finanzplanungen der Stadt für den Stärkungspakt bis zum Jahr 2022 steigende Personalkosten, die schon jetzt ein Drittel der Einnahmen wegfressen. Von 96 Millionen Euro im Jahr 2012 sollen sie planmäßig auf 105 Millionen Euro im Jahr 2022 klettern. Ich sehe Gewerbesteuereinnahmen, die von 30 Millionen

Die letzten Kumpel gehen bald nach Hause.
Foto: RVR/Lichtblick

2018 schließt die letzte Zeche im Ruhrgebiet.
Foto: RVR/Oberhäuser

Euro im Jahr 2012 auf 46 Millionen Euro im Jahr 2022 wachsen sollen, obwohl die Zeche zumachen wird und danach auch die Zukunft der Zentralkokerei ungewiss ist. Ich sehe sogar in den Plänen der Stadt steigende Einnahmen aus der Einkommensteuerzuweisung. Die Einnahmen sollen von 37 Millionen Euro auf 48 Millionen Euro steigen – obwohl die gut 4.000 Arbeitsplätze der Zeche wegfallen werden.

Als ich Kind war, wurde der Nachthimmel von den Fackeln und Lichtern der Fabriken in der Gegend golden erleuchtet. Die Milchstraße habe ich nie gesehen. Heute gibt es keine tausend Feuer mehr in der Nacht, die den Himmel bescheinen. Von meinem Haus aus sehe ich die letzten beiden Fackeln in unserer Gegend. Ihr Glanz trägt nicht weit.

Die Bottroper Gruben werden die letzten sein, auf denen in Deutschland nach Kohle gegraben wird.

Es wird Zeit, der Wahrheit ins Gesicht zu schauen und realistische Planungen zu machen.

Die letzte Bottroper Zeche wird 2018 abgeworfen.

Wirtschaftsförderung in der metropoleruhr
von Thomas Westphal und Rasmus C. Beck

Trotz global weiter zusammenwachsender Ökonomien sind in den letzten Jahren die Möglichkeiten zur Förderung regionaler Wachstumsmärkte stark in den Blickpunkt der praktischen Wirtschaftsförderung wie auch einer Vielzahl wissenschaftlicher Studien gerückt. Insbesondere Vergleiche und Rankings besonders wachstumsstarker Wirtschaftsregionen wie dem Silicon Valley oder auch München verweisen oft auf einige »weiche Erfolgsfaktoren« wie die kontinuierliche regionale Kooperation zwischen Wissenschaft und Unternehmen, die Verfügbarkeit von Fachkräften, hohe Gründungsdynamiken sowie eine gesteigerte Arbeits- und Lebensqualität vor Ort. Anhand dieser neuen »harten Standortfaktoren« wurde es zum Ziel vieler Wirtschaftsregionen, die Transformation in eine moderne Wirtschafts- und Wissensregion anzustreben.

Rasmus C. Beck

Thomas Westphal
Foto: WAZ

Rasmus C. Beck ist Geschäftsführer der Wirtschaftsförderung Metropole Ruhr. Er übernahm diese Aufgabe 2013 von Thomas Westphal, der heute Geschäftsführer der Wirtschaftsförderung Dortmund ist.

Auch die Wirtschaftsförderung im Ruhrgebiet reagierte auf diesen Trend mit neuen Produkten und innovativen Dienstleistungen wie z. B. Technologietransfer, Branchenentwicklung, Internationalisierung und systematischer Erhöhung der Standortattraktivität. Neben der Bestandspflege fokussierte sich so der Blick vor allem auf junge und technologieorientierte Unternehmen, die sich durch ihr Know-how auf ein spezielles Segment einer komplexen Wertschöpfungskette spezialisieren. In diesem Kontext wurden im Ruhrgebiet vielerorts Technologiezentren stark ausgebaut, die heute an vielen Standorten für die erfolgreiche Verschränkung von Wirtschaft und Wissenschaft in zukunftsfähigen Branchen wie Maschinenbau, Logistik, Informations- und Kommunikationstechnologien (IuK), Energie- oder Gesundheitswirtschaft stehen.

Mit der strategischen Bearbeitung von neuen Handlungsfeldern, soziokulturellen Milieus sowie der Mitgestaltung der Bildungs- und Forschungsinfrastruktur hat sich das Aufgabenprofil für moderne Wirtschaftsförderung im Ruhrgebiet strategisch erheblich geweitet. Zwar ist die kommunale Entwicklung von Grundstücken, Verkehrsanbindungen und Infrastrukturen immer noch sehr wichtig; allerdings kommen aufgrund der zunehmenden Kapitalisierung des Wissens eben neue strategische Handlungsfelder vermehrt hinzu, die zudem einer regionalen Koordinierung und Abstimmung bedürfen. Moderne Wachstumsstrategien sind deshalb gerade im polyzentrischen Ruhrgebiet nicht mehr nur auf lokaler Ebene angesiedelt, sondern mit der Wirtschaftsförderung metropoleruhr GmbH mittlerweile auch ein etablierter Gegenstand gemeinsamer kommunaler Anstrengungen im RVR.

Eine positive Bilanz im verflixten siebten Jahr

Die Wirtschaftsförderung metropoleruhr (wmr) geht in ihrer heutigen Form in das siebte Jahr ihrer Existenz. Sie hat sich als regionales Dach und tragfähige Brücke der Wirtschaftsförderungseinrichtungen zwischen den Kommunen im Ruhrgebiet und der Landesregierung in dieser Zeit etabliert. Sie erzielte dabei Erfolge zugunsten aller beteiligten Partner insbesondere im Bereich des gewerblichen Flächenmanagements und der konzeptionellen Neuausrichtung der regionalen Strukturpolitik auf eine nachfrageorientierte Innovationspolitik. Nach anfänglich und durchaus spürbaren Such- und Abstimmungsprozessen zwischen lokaler und regionaler Ebene sind die individuellen Kompetenzen der wmr als Dienstleister und strategischer Projektentwickler in der Region heute anerkannt und sehr nachgefragt. Die wmr konnte sich erfolgreich auf ihren regionalwirtschaftlichen Handlungsfeldern wie Strategieentwicklung, Interessenbündelung und Standortmarketing profilieren und hat sich damit in der öffentlichen Wahrnehmung wie auch gegenüber Kooperationspartnern und Kunden als leistungsfähiger Dienstleister positioniert.

Um im Ruhrgebiet zukunftsfähig zu bleiben und zeitnah auf die Bedürfnisse von Wirtschaft und Gesellschaft proaktiv zu reagieren, bedarf es auch in der Wirtschaftsförderung einer noch ausbaufähigen Effizienz und Professionalität in der Zusammenarbeit zwischen Kommunen und privaten Wirtschaftsunternehmen. Auch hier hat die wmr bereits viel zur Verbesserung beigetragen, wird aber auch in Zukunft noch eine tragende Rolle und Brückenfunktion ausfüllen müssen, insbesondere in der mehrwertorientierten Kooperation mit den kommunalen Wirtschaftsförderern, den Kammern, aber auch mit den Verwaltungen und den Unternehmen selbst. Dieses Schnittstellenmanagement ist eine wichtige Rolle und zentraler Auftrag zugleich: In beiden Fällen geht es darum, Menschen und Institutionen zusammenzubringen, die sich für die Entwicklung und die Zukunft des Wirtschaftsstandortes Ruhr engagieren.

Auf zentralen Handlungsfeldern sollen wichtige Aktivitäten kurz etwas genauer skizziert werden:
- Auf Initiative der wmr wurde der erste Zukunftskongress Ruhr ausgerichtet. Er stand für den Beginn eines öffentlichen Diskurses über systemische Innovationen und griff die Frage auf, wie gesellschaftliche Megatrends zu neuen Geschäftsmodellen und Strategien in den Unternehmen führen können. Hier darf sich Regionalentwicklung nicht allein auf Branchen

konzentrieren, sie muss Wegweiser sein und bei der Richtungsfindung helfen. Diese Erkenntnis wurde bereits vielerorts antizipiert und Gegenstand von Projekten und Aktivitäten in der Wirtschaftsförderung.

– Ein weiterer Meilenstein war der Wirtschaftsbericht Ruhr, der von allen Wirtschaftsförderern der Region unterschrieben und als Beginn eines gemeinsamen Arbeitsprozesses für neue Wege in der Standort- und Strukturpolitik bis zum Jahr 2020 anerkannt wurde. Neu und innovativ war der Ansatz zur Bewertung der ökonomischen Zukunftspotenziale in der Region: Hier wurden rund um einen auf Innovation basierenden industriellen Kern acht weitere Leitmärkte als realistische Chance für ein auf Wissen basierendes industrielles Comeback definiert, die gezielt Möglichkeiten für Beschäftigungszuwächse aufzeigten. *Für das Ruhrgebiet wurden folgende Felder identifiziert:*

1. Industrieller Kern und unternehmerische Dienste
2. Gesundheit
3. Urbanes Bauen und Wohnen
4. Mobilität
5. Nachhaltiger Konsum
6. Ressourceneffizienz
7. Freizeit und Events
8. Bildung und Wissen
9. Digitale Kommunikation

Diese Leitmärkte sind heute die wesentliche strategische Basis für die langfristige Ausrichtung der mittelständischen Wirtschaft im Ruhrgebiet.

– Auch die Verfügbarkeit von Flächen war eine Sorge, die nahezu alle Kommunen im Ruhrgebiet bewegte. Neben einer regionalen Bestandsaufnahme von Frei-

und Vorratsflächen war hier eine Herausforderung, Brachen wieder in den Wirtschaftskreislauf einzubinden, statt unberührte Naturflächen für Gewerbe- und Infrastruktur oder Siedlungsmaßnahmen zu verbrauchen. Diesbezüglich hat die wmr einen preisgekrönten Kooperationsprozess begonnen: Auf der Basis des Geodaten-Informationssystems ruhrAGIS wurde eine Datenbank aufgebaut, die 33.000 Betriebsflächen und 45.000 Unternehmensadressen mit Branchenzugehörigkeit dokumentiert und so das gesamte Ruhrgebiet abbildet. Ein ähnliches Instrument gibt es in Deutschland nirgendwo sonst. Dieses Kooperationsprojekt befähigt die Region heute zu einer gemeinsamen strategischen Flächenentwicklung.

- Nur im regionalen Verbund kann auch das Thema »Stärkung der Verkehrsinfrastruktur« angegangen werden: Auf dem jährlich viel beachteten Mobilitätskongress mit über 250 Teilnehmern aus Wirtschaft, Kommunalverwaltung, Verbänden, Politik und Wissenschaft wurde zusammen mit den IHKs sowie dem Initiativkreis Ruhr eine Plattform geschaffen, um Entscheider und Multiplikatoren, aber insbesondere die Politik vom aufgestauten Erneuerungsbedarf auf Straße, Schiene und Wasserwegen zu überzeugen und damit die Weichen für ein zukünftig höheres Potenzialwachstum zu stellen. Dazu gehören auch innovative Projekte wie der CargoBeamer, dessen Realisierung von der wmr aktiv unterstützt wird. Dieser böte die Chance, dem Standort Hagen und damit dem Ruhrgebiet eine europäische Schlüsselstellung für die weitere Erfolgsstory in der Logistikbranche zu verschaffen.
- Standortstärken und Potenziale auch überregional zu bewerben – dafür bietet sich insbesondere die Teilnahme an Messen und die gezielte Anwerbung von Investoren an. Hier hat sich die wmr als feder-

führende Organisatorin des regionalen Gemeinschaftsstandes »metropoleruhr« sowohl auf der MIPIM als auch auf der EXPO REAL in den letzten Jahren einen exzellenten Ruf erworben. Begleitet wurden diese Marketingaktivitäten durch die regelmäßige Kommunikation mit regionalen und internationalen Medienvertretern. Sie sollten nicht nur für die Region »trommeln«, sondern auch für die Veränderungen sensibilisieren und die vorhandene Anschlussfähigkeit an zukünftige Marktentwicklungen im Ruhrgebiet als hoch attraktiven Lebens- und Arbeitsort dokumentieren.

Ausblick: Regionaler Brückenbauer und Dienstleister für die metropoleruhr

Die Wirtschaftsförderung im Ruhrgebiet setzt heute auch im bundesweiten Vergleich sehr strategisch an und verfügt über verschiedene innovative Instrumente. Die wmr inszeniert und moderiert die thematische Ausweitung auf neue Leitmärkte und Handlungsfelder aktiv und erfolgreich. Aber auch für klassische Funktionen der Wirtschaftsförderung wie Bestandspflege, Ansiedlungsförderung, Gewerbeflächenentwicklung oder Marketing steht die wmr mit leistungsfähigen Produkten zur Verfügung. Damit erfüllt sie eine wichtige Schnittstellenfunktion in einem verschiedene Ebenen umfassenden politischen Entscheidungssystem.

So können im Ruhrgebiet die verfügbaren Ressourcen und die strategische Ausrichtung der Wirtschaftsförderung heute besser geplant und umgesetzt werden. Das Angebot der wmr an die Kommunen besteht darin, Stärken und Schwächen zu analysieren, um gezielt Projekte zur Verbesserung der Wirtschaftsstruktur zu entwickeln. Ein Beispiel hierfür ist die in beinahe allen

Kommunen des Ruhrgebiets ausgeprägte Kreativwirtschaft, deren Etablierung in Kooperation mit dem ecce (european centre for creative economy) durch vielerlei Aktivitäten als eigenständiges Wirtschaftsfeld unterstützend begleitet wird. Damit reagiert die wmr auch in Zukunft sowohl auf die Restrukturierungsprozesse in der Wirtschaft, die gewachsene Bedeutung der Globalisierung wie auch auf die Aufwertung des Wissens in der Produktion und schrumpfende kommunale Politiksteuerungsmöglichkeiten. Andererseits führt sie die traditionelle Zielvorstellung der regionalisierten Strukturpolitik im Ruhrgebiet weiter fort.

Das Ruhrgebiet ist trotz zahlreicher wirtschaftlicher Rückschläge ein Pionier des Wandels und auf einem guten Weg. Die Stärken der Region liegen in ihrer Vielfalt und Dichte, dem großen wirtschaftlichen und kulturellen Potenzial sowie hoher Lebensqualität. Nachhaltiges Wachstum muss folglich das entscheidende Ziel für das Ruhrgebiet sein, ohne das sich zukünftige Megathemen wie Klimawandel oder demografischer Wandel kaum handhaben lassen – das hat man in der metropoleruhr verstanden. Die Region bietet das notwendige Umfeld und Know-how für zukunftsfähige Innovationen. Es bedarf aber noch weiterer vielseitiger Initiativen und Anstrengungen, um alle Potenziale und Facetten einer so polyzentrischen Region wie der metropoleruhr zu erfassen und schließlich effektiv zu fördern. Fest steht: Sie entwickelt sich kontinuierlich weiter und hält auch anspruchsvollen Anforderungen der globalen Wirtschaft oder der heimischen Gesellschaft stand. Hierzu wird die wmr weiter ihren Beitrag leisten – als Dienstleister und Brückenbauer.

Die Entwicklung »Kreativer Quartiere« im Ruhrgebiet
Eine erste Bilanz mit Ausblick
von Ralf Ebert

Eines der vier Themenfelder des Kulturhauptstadtprogramms 2010 war die »Stadt der Kreativität«. Programmatisch wurde verkündet, dass sich RUHR.2010 als Plattform versteht, um die Teilmärkte der Kultur- und Kreativwirtschaft, die erstmalig in das europäische Kulturhauptstadtprogramm einbezogen wurden. Unter dem Motto »Wandel durch Kultur« bzw. durch Kulturwirtschaft sollte mit dem Themenfeld ein Beitrag zur regionalen Wirtschaft bzw. zur Entwicklung des Ruhrgebiets als Metropole geleistet werden. In diesem Kontext wurde das Programm »Kreativ.Quartiere Ruhr« konzipiert.

Dies erfolgte vor dem Hintergrund der bundesweit ersten flächendeckenden Untersuchung zu Raumtypen der Kultur- und Kreativwirtschaft in der Metropole Berlin (Ebert, Kunzmann 2007). Diese Studie identifizierte auf der Basis der räumlichen Konzentration der Selbstständigen und Unternehmen der Kultur- und Kreativwirtschaft und temporären Nutzungen ein sich gegenseitig verstärkendes System an sieben unterschiedlichen Raumtypen der Kultur- und Kreativwirtschaft:
- touristische Flanier- und Entertainmentgebiete
- touristische Szenequartiere
- ethnisch geprägte Stadtquartiere
- lokale Ausstrahlungsräume von Kunst-, Musik-, Design-, Film-, Medien- und Softwarehochschulen

Ralf Ebert ist Geschäftsführer des Planungs- und Beratungsbüro Stadtart.
Foto: WAZ

- Gebiete etablierter Produktions- und Dienstleistungsunternehmen der Kulturwirtschaft
- gewachsene bzw. ausgewiesene Gewerbegebiete für TV, Film, Medien und IT
- Eroberungs- bzw. Erprobungsräume von großflächigen nicht bzw. untergenutzten Gewerbearealen

Im Unterschied dazu basiert das Programm »Kreativ.Quartiere Ruhr« stärker auf einem immobilienbezogenen Potenzialansatz. Ob und wenn ja welche Unternehmen der Kultur- und Kreativwirtschaft in diesen identifizierten Gebieten ihren Standort haben, spielte dabei eine untergeordnete Rolle. Überschwänglich wurde bei diesem zusätzlichen angebotsorientierten und damit weiterhin die geringere regionale Nachfrage vernachlässigenden Ansatz verkündet:

»Ungenutzte Immobilien wie alte Industrieflächen, verlassene Wohnungen, leerstehende Läden und

ROTTSTR 5 Theater in Bochum
Foto: RVR

Umgebauter Bunker
Foto: RVR

Büros sollen zur neuen Heimat für Kreative der ganzen Welt werden.« (Wirtschaftsförderung Metropole Ruhr 2009)

Als geeignet dafür angesehen wurden acht Gebiete, die 2009 auch auf der Immobilienmesse EXPO REAL 2009 in München vorgestellt wurden:
- das ViktoriaQuartierBochum
- das Kreativquartier Lohberg in Dinslaken
- das heute so genannte Unionviertel um das Dortmunder »U«
- die Scheidt'schen Hallen in Essen
- ein Gebiet am Kanal in Herne
- die Games Factory in Mülheim
- das Quartier Altmarkt in Oberhausen
- Unna-Massimo, das nach Einschätzung führender Protagonisten der ausgewählten Quartiere »ganz und gar einzigartig« ist

An dem vom Land NRW finanziell unterstützten Programm »Kreativ.Quartiere Ruhr« entzündete sich 2010 alsbald eine vor allem von den kulturellen Szenen des Ruhrgebiets und über das Internet geführte Debatte, wobei sich diese nicht auf den generellen Ansatz bezog, sondern sich vielmehr auf das hinter dem Programm liegende Wunschdenken konzentrierte. Unter der Überschrift »Im Ruhrgebiet wird das Konzept der Kreativquartiere nicht funktionieren« (Website Ruhrbarone) wurden vor allem drei Punkte kritisiert:

– Für das Programm wurden nicht immer die richtigen Quartiere ausgewählt, wozu nach Einschätzung der Kritiker eher Bochum-Ehrenfeld oder Essen-Rüttenscheid mit einer gewissen Dichte an »Kreativen« zählen. Dies sind, wie aktuelle Studien auch im Ruhrgebiet zeigen, überwiegend Innenstadtrandgebiete (für Dortmund: IHK zu Dortmund 2012).

Kreativquartier
Rheinische Straße
in Dortmund
Foto: RVR

- Die Rahmenbedingungen für die Entwicklung solcher Gebiete sind im Ruhrgebiet im Vergleich zu Berlin oder Hamburg nicht in einem vergleichbaren Maße vorhanden. Insbesondere fehlt angesichts der weiterhin schwierigen wirtschaftlichen Situation die regionale Nachfrage und anstatt Zuwanderung verzeichnet das Ruhrgebiet eine rückläufige Bevölkerungsentwicklung.
- Die Identifizierung der Kreativquartiere erfolgte zu sehr von oben, d. h. vor dem Hintergrund von planerisch gewünschten Entwicklungen und nicht auf der Basis faktischer Nutzungen.

Die bisherigen geringen Erfolge haben dieser auch von langjährigen Kennern der Kultur- und Kreativwirtschaft weitgehend geteilten Einschätzung etwa hinsichtlich der im Vergleich zu anderen Städten nicht ausreichend kritischen Masse an Selbstständigen und Unternehmen der Branche im Ruhrgebiet überwiegend recht gegeben (unter anderem Ebert, Kunzmann 2011, Flögel et al. 2011, 11). So blieb die versprochene Entwicklung etwa in Unna-Massen ganz aus und von offensichtlichen strukturellen Veränderungen durch eine Zunahme an Unternehmen der Kultur- und Kreativwirtschaft wird auch von den anderen Quartieren kaum berichtet. Dennoch wird das im Grundsatz zu begrüßende, jedoch in der Umsetzung problematische Konzept der Kreativquartiere weiter verfolgt.

Aktuell listet das ecce, die in der Nachfolge von RUHR.2010 gegründete Agentur zur Förderung der Kultur- und Kreativwirtschaft mit Sitz in Dortmund, in den Groß- und Mittelstädten des Ruhrgebiets elf Kreativquartiere auf. Diese leicht modifizierte und erweiterte Liste an Kreativquartieren ist weiterhin ein Konglomerat an Quartieren mit ganz unterschiedlichen Standort- und Rahmenbedingungen (siehe

Übersicht). Nach dem Motto »One does not fit all« erfordern diese deshalb auch ganz lokalspezifische Entwicklungsstrategien (RVR, STADTart 2010, 20–31). So stellen etwa das Unionquartier mit dem Dortmunder U für Kunst und Kreativität und die angrenzenden Quartiere bei einem schon vorhandenen Besatz an Selbstständigen und Unternehmen in einem urbanen Umfeld ganz andere strategische Anforderungen als beispielsweise die Entwicklung des Kreativquartiers in Dinslaken.

Nach fünf Jahren Programm »Kreativ.Quartiere Ruhr« kommt eine erste Bilanz zu folgender Einschät-

»Der Bezeichnung Kreativquartier für manche der ausgewählten Gebiete im Ruhrgebiet haftet vielfach etwas allzu sehr Gewolltes an.«
Foto: RVR

Übersicht: Ausgewählte Kreativquartiere des Programms »Kreativ.Quartiere Ruhr« (Stand 2013)

Kreativquartier	Lage in der Stadt	Ausprägung Kultur- und Kreativwirtschaft	Besonderheiten des Standortes (Kultureinrichtungen, Image etc.)
Dinslaken (ca. 70.000 Einwohner) »Lohberg«	Stadtrandlage im Stadtteil Lohberg, ehemalige Zeche Lohberg (320 Hektar)	Nutzung der Lohnhalle durch 15 Kreative als Pioniere aus verschiedenen künstlerischen Sparten sowie Ansiedlung von Unternehmen	- Kunst im Bergpark - Veranstaltungsort der Extraschicht - Kulturprojekt (Kunst im Bergpark) …
Essen (ca. 570.000 Einwohner) »Essen City Nord«	nördliche Innenstadt zwischen Kopstadtplatz und Flachsmarkt, Viehofer Platz und Rheinischem Platz, Limbecker Platz im Westen und flankiert von der Schützenbahn, Nähe zur Universität Duisburg-Essen	Ateliers und Galerien, Unternehmen wie privates Theater/Varieté	- »Künstlerdorf Unperfekthaus« - Das GenerationenKult-Haus (Wohnexperiment) - Atelierhaus Essen Schützenbahn - Künstlerinitiative Freiraum2010 - Verein Forum Kunst & Architektur - Folkwang Universität der Künste - Berufsverband und Verein Kreative Klasse & extraklasse!
Gelsenkirchen (ca. 260.000 Einwohner) »Ückendorf«	zwischen Innenstadtrand und Stadtrand, ehemalige Zeche Rhein-Elbe mit Arbeitersiedlung	Standort von einigen Galerien, Ateliers, einige Unternehmen der Kultur- und Kreativwirtschaft	- Wissenschaftspark - Stadterneuerungsgebiet - Künstlersiedlung Halfmannshof (Neugestaltung) - Pixelprojekt Ruhrgebiet …
Hagen (ca. 190.000 Einwohner) »Elbershallen«	Innenstadtlage in ehemaliger Textilfabrik	Standort für Unternehmen der Kultur- und Kreativwirtschaft, unteren anderem mit Tanzschule, Theater, Werbeagentur	- denkmalgeschützte Gebäude - Musikschule - Gastronomieangebote …
Herne (ca. 150.000 Einwohner) »Am Kanal«	Stadtrandlage des Stadtteils Wanne, ehemalige Zechenanlage »Unser Fritz«	Künstlerzeche »Unser Fritz«, 60 bis 80 Unternehmen haben Interesse bekundet, sich dort anzusiedeln	- denkmalgeschützte Gebäude

zung: Die Entwicklung von Kreativquartieren ist in den Städten des Ruhrgebiets als relevantes Handlungsfeld anerkannt. Dies ist im Grundsatz zu begrüßen. Es wird jedoch immer noch vorwiegend an Gebieten angesetzt, die aufgrund des geringen Besatzes an Selbstständigen und Unternehmen der Kultur- und Kreativwirtschaft bzw. fehlender Kultureinrichtungen und eines geringen urbanen Flairs selbst in Berlin oder Hamburg schwer zu entwickeln wären. Deshalb haftet der Bezeichnung »Kreativquartier« für manche der ausgewählten Gebiete im Ruhrgebiet vielfach etwas allzu sehr Gewolltes an. Das hauptsächliche Problem zur weiteren Entwicklung der Kultur- und Kreativwirtschaft in der Region ist angesichts der Marktsituation (das Ruhrgebiet ist in dieser Hinsicht aus einer Reihe von Gründen ein »Spätentwickler«), der Rahmenbedingungen (unter anderem gibt es ausreichend Flächen) und auch der nachlassenden wirtschaftlichen Bedeutung mancher Teilmärkte nicht die Bereitstellung preisgünstiger Gewerbe- und Wohnflächen. Vielmehr sollte die Entwicklung von Hotspots der Kultur- und Kreativwirtschaft im Vordergrund stehen. Dabei ist angesichts unterschiedlicher Entwicklungsvoraussetzungen zwischen Konzepten bzw. Strategien für Großstädte und Mittelzentren zu unterscheiden.

Hotspots können nur in Ausnahmefällen am Stadtrand gelegene Quartiere sein, jedoch auch nur dann, wenn diese sich von unten entwickeln und nicht von der Stadtentwicklungsplanung und der Wirtschaftsförderung zu sehr umarmt werden (»Planung der Nichtplanung«). Besser als solche Quartiere sind besucherattraktive Kultur- und Freizeitviertel oder auch multiethnische Gebiete am Innenstadtrand. In diesen Quartieren darf es dabei nicht allein um Start-ups, Künstler etc. gehen, sondern verstärkt sind am Markt schon erfolgreich tätige Unternehmen einzubeziehen, unter anderem durch darauf zugeschnittene attraktive

Rüttenscheid – Kreativquartier mit langer Tradition
Foto: RVR

Immobilien. Ebenso ist darauf zu achten, dass kulturelle bzw. kulturwirtschaftliche Nutzungen wie etwa Musikklubs nicht durch Wohnansprüche vertrieben werden. Gebiete mit einem solchen Besatz haben eher die Kraft, die vorhandenen Talente der Kultur- und Kreativwirtschaft in der Region zu halten und durch ihre Ausstrahlungskraft dann auch manche Kreative von außen anzuziehen. Daraus können sich dann im Laufe der Jahre – auch das Bermuda3Eck in Bochum entstand nicht von heute auf morgen – Impulse für die Entwicklung von »Eroberungs- bzw. Erprobungsräumen« der Branche und zur Stärkung von Quartieren der Wissensindustrien ergeben und so zum weiteren Wandel der Region beitragen.

Literatur

Ebert, Ralf; Kunzmann, Klaus R. (2007): Kulturwirtschaft, kreative Räume und Stadtentwicklung in Berlin. DISP. H. 171, 65–79.

Ebert, Ralf; Kunzmann, Klaus R. (2011): Kulturwirtschaft und RUHR.2010 von außen betrachtet. In: Kulturpolitische Mitteilungen H. 132, 34–37.

Flögel, Franz; Gärtner, Stefan; Nordhaus-Janz, Jürgen(2011): Kultur- und Kreativwirtschaft – Mehr als Software? In: IAT Forschung Aktuell H. 2.

IHK zu Dortmund (2012): Kreativwirtschafts-Scout: Die Kultur- und Kreativwirtschaft im IHK-Bezirk zu Dortmund. Dortmund.

RVR, STADTart (2010): Entwicklung urbaner und kreativer Räume der Kultur- und Kreativwirtschaft in Mittelzentren des Ruhrgebiets. Essen.

Wirtschaftsförderung Metropole Ruhr (2009): Kreativ.Quartiere. Mülheim.

Website Ruhrbarone, verfügbar unter www.ruhrbarone.de (zuletzt zugegriffen am 10.9.2013).

Website Kreativ Quartiere Ruhr, verfügbar unter www.kreativquartiere.de/diequartiere/ (zuletzt zugegriffen am 7.10.2013).

Sport

Fußball im Schatten der Großen
von Ralf Piorr

Während die Bundesliga boomt, schlittert der Amateurfußball und mit ihm viele Traditionsvereine des Reviers in eine scheinbar ausweglose Krise.

Der Fußball im Ruhrgebiet steckt in seiner bisher größten Krise, seitdem irgendwelche Blagen im Schatten der Zechentürme der wilden »Fußlümmelei« frönten. Eine absurde Behauptung angesichts der großartigen Erfolge des BVB und der zumindest immer vorhandenen und millionenschweren Hoffnungen auf Schalke? Mitnichten. Noch nie in der Geschichte des Profifußballs war das Ruhrgebiet so schlecht aufgestellt: Unter den 56 Bundesligisten von Liga Eins bis Liga Drei finden sich kärgliche vier Klubs aus dem Revier. Zum Vergleich: 1970/71 stellte die Region allein fünf Erstligisten (von 18), 1980/81 neun Bundesligisten (von 40), 1990/91 sieben (von 38), 2000/01 fünf (von 36) und 2010/11 nach Einführung der Dritten Bundesliga fünf (von 56).

Wie einsam und kalt es im Schatten der Champions-League-Millionen-schweren Reviergiganten ist, davon können der im Mittelfeld der Zweiten Liga versunkene Stadtverein VfL Bochum und der nach Lizenzentzug drittklassige MSV Duisburg ein Lied singen.

Der Historiker Ralf Piorr lebt in Herne und ist als freier Publizist und Autor tätig. Foto: Archiv

»Der BVB und Schalke ziehen alle Aufmerksamkeit auf sich: in Sachen Zuschauer, Werbepartner und Öffentlichkeit. Jeder will bei diesen Fußball-Events dabei sein. Identifikatorische Strahlkraft besitzen fast nur noch ›Königsblau‹ und ›Schwarz-Gelb‹. Für die anderen Vereine bleibt zwangsläufig immer weniger übrig«, konstatiert Heiko Buschmann, Chefredakteur der Zeitung *RevierSport*, der größten regionalen Sportzeitung Deutschlands. Die Auswirkungen zeigen sich nicht nur im Hinblick auf große Sponsoren wie Evonik oder Gazprom, sondern auch bei den wenigen verbliebenen mittelständischen Unternehmen. Die investieren mittlerweile eher in eine VIP-Loge oder in Sitzplatzkarten im Signal Iduna Park oder in der Veltins-Arena als in eine Anzeige im Stadionheft ihres lokalen Oberligisten. Freilich ist der Prozess der Monopolisierung im modernen Kapitalismus nichts Neues. Ebenso wenig wie weinerliche Lamenti über den Verlust alter Werte, die von den von der Geschichte Überrollten vorgetragen werden. Ins Fußballerische übersetzt lautet diese vielstimmige Klage: Im Dunst der boomenden Bundesliga gehen die Traditionsklubs und der Amateurfußball unter.

Auf den ersten Blick klingt diese These sehr heimelig, aber es schwingt auch ein Stück Verklärung mit. Erstens beruht die oft beschworene Krise der mittleren

Ausgeliefert dem Regen, der Kälte und einem unabdingbaren Gefühl der Leere: Sonntagsrealität im Stadion am Schloss Strünkede, Herne 2010
Foto: Piorr

Ligen auf einer verschobenen Wahrnehmung: Während die Bundesliga durch die Medien ins Unendliche hochgejazzt wird, verharrt der Amateurbereich bei Pommes und Currywurst und eiskalten Füßen im Herbst und Winter. Und wenn man wöchentlich Reus, Draxler & Co. gewöhnt ist, was will man dann mit den Rumpelfüßen anfangen, die sich in der Westfalenliga weggrätschen? Zumal sich der Spaßfaktor bei einer Partie wie DJK TuS Hordel gegen Mengede 08/20 in überschaubaren Grenzen hält. Zweitens gibt es eine ganze Menge hausgemachter Probleme, wie Thorsten Richter bestätigt, der seit Jahren den Amateurbereich für *RevierSport* betreut:

>»Viele Vereine haben sich jahrelang auf ihrer Tradition ausgeruht und für ihren Zuschauernachwuchs nichts getan. Man hat geglaubt, es würde immer weitergehen. Jetzt ist der Zuschauerrückgang schon in der Regionalliga deutlich zu verzeichnen und die Vereine brechen nach und nach ein. Außerdem wurde früher einfach zu viel Geld bezahlt, was sich heute in der Zeit klammer Kassen rächt.«

Keine Kohle mehr

Der Ursprung der fast mystischen Vereinstopografie des Reviers liegt in der alten Oberliga West von 1947 bis 1963. Allein die Abschlusstabelle der ersten Saison 1947/48 führt in die emotionale Tiefe dieser Region: 1. Borussia Dortmund, 2. Sportfreunde Katernberg, 3. STV Horst-Emscher, 4. SF Hamborn 07. Während im »Land der tausend Derbys« die Grenzen zwischen den Städten kaum auszumachen waren, nahmen die Gräben zwischen den Vereinen und ihren Anhängern deutliche Formen an. Nirgendwo war die Dichte von Vereinen, Plätzen und Stadien so stark wie zwischen der A2 und der B1 und nirgendwo sonst wurden die Klubs mit so vieler sozialer Bedeutung aufgeladen. Die Mannschaften blieben oftmals über Jahre hinweg zusammen und die Spieler stammten meistens aus dem lokalen Umfeld.

Gerade im oft belächelten und noch mehr bemitleideten »Kohlenpott« suchten die Menschen nach Identifikation und die Erfolge der lokalen Vereine – über die Hälfte der Mannschaften der Oberliga West kam aus dem Kernruhrgebiet – erfüllten die Bedürfnisse nach Kollektiverlebnissen und Identifikation. Eine Reportage von 1959, Besuch bei einem Fußballspiel:

– »Halbzeitmusik: ›Und der Haifisch, der hat Zähne.‹ Zuvor aber spielte die Bergmannskapelle das alte, schöne und zähe ›Glückauf, Glückauf, der Steiger kommt‹ und der Stadionsprecher bat die 40.000 Zuschauer, ein Feuerzeug oder Streichholz zu entzünden, die Flutlichtreflektoren erloschen und jener sprach: ›Mit diesem Gruß gedenken wir vor allem der Männer, die unter der Erde für uns

Zuschauerandrang im August-Thyssen-Stadion zum Spiel Hamborn 07 gegen Schalke 04, Januar 1951. Während des Spiels soll es schon einmal dunkler im Stadion geworden sein, weil der Dampf und der Rauch der Industrieschlote das Sonnenlicht eintrübten, berichteten die Zeitzeugen. Foto: Kurt Müller

alle nach Wärme graben.‹ Und man sah abgebrühte Ruhrgebietler neben sich stehen, Zündholz oder Sturmfeuerzeug in der Rechten, Tränen im Auge, dann schnäuzten sie kräftig ins Handinnere oder ins Taschentuch, um ihrer Elf erneut zujubeln zu können.«

Aber selbst Legenden zerfallen, wenn sie keine Nahrung erhalten. Im Februar 1999 meldeten die stolzen Emscher-Husaren den Konkurs an. Die Hamborner »Löwen« quälte nicht nur der schleichende Verlust der Thyssen-Arbeitsplätze, sondern auch die Bedeutungslosigkeit der siebtklassigen Landesliga Niederrhein. Am Katernberger Lindenbruch rattern zwar noch immer die Züge der Köln-Mindener Bahnstrecke vorbei, aber was zählt die Gegenwart eines tristen Kreisliga-B-Kicks vor 20 zahlenden Zuschauern, wenn die Vergangenheit mit hitzigen Duellen gegen Schalke vor 15.000 Zuschauern aufwarten kann? »Früher? Da kann man sich doch nix für kaufen«, winkt Aloys Bullmann ab. Der 90-Jährige war bereits alles im Verein: Wirt, Betreuer, Sponsor, Vorstandsmitglied und Schatzmeister. Etwa 20 Meter vom Aschenplatz entfernt wurde er geboren, in der früheren Vereinskneipe »Zum Lindenbruch«, die einst seine Eltern und danach er selbst betrieben:

> »Damals war das alles eine Einheit: die Arbeit, der Fußball, die Kneipe und die Leute, die hier wohnten. Davon ist nicht mehr viel übrig geblieben.«

Die Etablierung der Traditionsvereine fand in der wirtschaftlichen Prosperität des Ruhrgebiets statt. Mit der Krise des Reviers und dem lang anhaltenden Strukturwandel vollzieht sich seit einigen Jahrzehnten letztlich nichts anderes als ein schleichender Normalisierungsprozess. Der Absturz der Vereine hat dabei die gleiche

Ursache wie ihr Höhenflug: die ökonomische Potenz der Region. Der Etat eines Oberligaklubs hat sich in den letzten fünf Jahren im Schnitt um mehr als die Hälfte reduziert. Shootingstars kommen nur noch in der ländlichen Peripherie vor – wie der SV Rödinghausen aus dem Kreis Herford. Der Küchenhersteller »Häcker Küchen« finanzierte vier Aufstiege in Folge und man kolportiert einen stolzen Jahresetat für die Oberliga Westfalen an der Millionengrenze.

Himmelsstürmer von einst

Beispielhaft für die Tradition der Bergarbeitervereine steht die SpVgg. Erkenschwick. Mitten im Zentrum der Stadt überragt eine riesige Seilscheibe einen Kreisverkehr. Der Rost, die Kälte und die Zeit haben dem Metall schwer zugesetzt. Einst thronte sie über der Erde als Teil eines Förderturms. Nunmehr, vom Himmel geholt und trostlos ebenerdig, bietet sie nur Stoff für Erinnerungen. »Die Seilscheibe stammt von Ewald-Fortsetzung. Erkenschwick war früher der Pütt und der Pütt war Erkenschwick«, erklärt Hermann Silvers und fügt mit sonorer Stimme hinzu: »Aber das ist längst Geschichte.« Wenige hundert Meter weiter liegt das Stimberg-Stadion. Dort ist »seine Spielvereinigung« zu Hause, wie Silvers, Jahrgang 1940, betont. Nicht nur weil er seit 2009 (mit Unterbrechungen) Vorsitzender ist, sondern weil der Klub ihn sein ganzes Leben lang begleitet hat. Seine Mutter wusch früher die Trikots der ersten Mannschaft, sein Vater war Obmann der Fußballer, die mit ihren Toren das »Kaff ohne Bahnhof« überhaupt erst bekannt gemacht haben. Sein älterer und mittlerweile verstorbener Bruder Heinz spielte als Mittelläufer der schwarz-roten Himmelsstürmer gegen Fritz Szepan und Adi Preißler.

Die oft beschworene Tradition ist in Erkenschwick übermächtig. Oberliga West, Regionalliga, Zweite Bundesliga – bis 1999 war man mindestens immer drittklassig. Allein die Biografien der früheren Vorsitzenden verraten einiges über die soziale und wirtschaftliche Verankerung der Schwarz-Roten. Von 1958 bis 1975 stand Heinz Götzen, Betriebsdirektor auf der Zeche Ewald-Fortsetzung und Fraktionsvorsitzender der SPD, an der Spitze. Nach seinem Tod übernahm der Bergwerksdirektor höchstselbst, Anton Stark, das Ruder. Die Personalunion brachte einige Vorteile mit sich.

»Zu Zeiten der Zweiten Bundesliga hatten wir ein paar Spieler auf der Zeche angestellt. Einer musste in einer Kolonne unter Tage arbeiten, nicht vor Kohle, aber er wurde halt schmutzig. Also hat der Experte sich wochenlang krank gemeldet und jeden Sonntag gespielt. Er war einer der Besten auf dem Platz. Was sollte ich machen? So etwas konnte man nur dank eines guten Verhältnisses zum Betriebsrat durchstehen. Die waren ja auch alle schwarz-rot. Auf der Montagsschicht musste man über das Spiel am Sonntag Bescheid wissen, um bei den Kumpels unter Tage akzeptiert zu werden. Sehen Sie, die Belegschaftsversammlung wurde Sonntagvormittags so gelegt, dass man hinterher geschlossen zum Heimspiel der SpVgg. gehen konnte«,

erzählt der heutige Ehrenpräsident. 1974 schickte WDR-Sportreporter Heribert Fassbender zum Auftakt seiner Reportage über eine Zweitligapartie der Erkenschwicker folgendes Bonmot über den Äther:

»12.500 Zuschauer. Damit ist jeder zweite Einwohner, einschließlich Greise und Kleinkinder, hier im Stimberg-Stadion.«

Diese soziale Verbundenheit ist heute passé. Der Pütt ist geschlossen und mit den Rentnern und Pensionären stirbt die Erinnerung. Der Tiefpunkt des Vereins wurde mit dem fast einjährigen Insolvenzverfahren 2008/2009 erreicht. Die Entschuldung betrug 650.000 Euro. Da die Stadt als Bürge für die neue Kunstrasenanlage aufgetreten war, bezahlte sie schließlich die Zeche. Immerhin hat man sich wieder in die Oberliga Westfalen zurückgekämpft.

»Erkenschwick ist ein Phänomen. Vor einem Jahr hat sich der Verein mit Sponsoren und Einzelunterstützern vor Gericht gestritten und ist fürchterlich baden gegangen. Die Gläubiger haben dann trotzdem ihre Forderungen zurückgezogen. Am Ende also, als es um die Existenz des Vereins ging, hielten alle wieder zusammen«,

erzählt Olaf Krimpmann, der seit 1994 für die *Stimberg Zeitung* des Medienhauses Bauer das Wohl und Wehe

Aloys Bullmann im Kassenhäuschen, Stadion Am Lindenbruch, Katernberg 2011
Foto: Piorr

der SpVgg. verfolgt, die im weitläufigen Vest immer noch die Nummer Eins ist:

»Man musste den Jahresetat für die Oberliga-Mannschaft in den letzten Jahren auf etwa 100.000 Euro herunterfahren. Trotzdem schafft es der Vorstand mit der betont familiären Atmosphäre und einem aus der eigenen Jugend gewachsenen Kader, Spieler langfristig zu binden, die von der halben Liga gejagt werden.«

Der Textilunternehmer Klaus Steilmann, Mäzen der SG Wattenscheid 09, erkannte diese Entwicklung schon vor Jahren:

»Im Fußball herrscht genauso wie im Handel eine knallharte Konkurrenz. Wer nicht wettbewerbsfähig ist, wird scheitern. Die Vereine leben untereinander in einem ruinösen Wettbewerbsverhältnis und die Möglichkeiten für die kleinen Klubs, auf Dauer wirklich wettbewerbsfähig zu bleiben, sind begrenzt. Die Schere zwischen Profiklubs und Amateurvereinen wird immer größer werden.«

Niederlage – ohne Wenn und Aber: Wattenscheids Mäzen Klaus Steilmann, 2003
Foto: firo

Die großen Tycoons

Auch die Zeit der millionenschweren Patriarchen, die sich als Hobby einen hochklassigen Fußballverein geleistet haben, ist im Ruhrgebiet unweigerlich vorbei. Im Oktober 1969 initiierte der Bauunternehmer Robert Heitkamp in der damals selbstständigen Stadt Wanne-Eickel die Gründung eines Großvereins. In einem Besprechungsprotokoll vom Dezember 1968 heißt es:

»Nach eingehender Aussprache wird die Gründung eines Sportvereins aus folgenden Gründen für dringend erforderlich gehalten: Mit großer Sorge muss die Entwicklung in der deutschen Jugend, insbesondere der Studenten, von der Party- und Beat- über die Sex-Welle bis hin zu den heutigen Krawallen an den Universitäten aus politischen Motiven und ihrer Einstellung der älteren Generation gegenüber, betrachtet werden.«

Im Oktober 1969 war es dann so weit: der Deutsche Sport-Club Wanne-Eickel (DSC) wurde auf einer Gründungsversammlung aus der Taufe gehoben. Einstimmig wurde das Mitglied Nr. 1 Robert Heitkamp zum Präsidenten erkoren. Der nationalkonservative Unternehmer setzte politisch bewusst den Veränderungen der Achtundsechziger einen Deutschen Sport-Club entgegen. Bis 1993 hielt sich der DSC in der obersten Amateurliga, sogar mit einem zweijährigen Intermezzo in der Zweiten Bundesliga (1978–1980). Heute kickt man in der sechstklassigen Westfalen-Liga – stabil, ohne große Perspektiven nach oben oder unten. Der Wanne-Eickeler Unternehmer Gerd Pieper (Stadt Parfümerie Pieper GmbH mit 111 Filialen und etwa 1.200 Mitarbeitern) tritt zwar als Trikotsponsor auf, aber sein großes Engagement stellt er dann doch eher in die Dienste von Borussia Dortmund. Seit 2008 amtiert er dort als Vize-Präsident.

Ein anderer Tycoon, der den Fußball um seiner selbst willen geliebt und gelebt hat, war der bereits erwähnte und im Jahr 2009 verstorbene Klaus Steilmann. Als Präsident machte er 1990 Wattenscheid 09 zur berühmtesten »grauen Maus« der Bundesliga – für vier Jahre, dann war das Märchen beendet. 1996 stieg man nach 22 Jahren aus dem Profifußball ab. Dabei war der gutmütige Mäzen beides: leidender Fan und leitender Anführer. Der langsame Absturz der Wattenscheider spiegelte sich in den wachsenden Tränensäcken unter seinen Augen wider. 1999 zog sich Steilmann aus der Leitung zurück. Für den Klub folgten Fahrstuhljahre zwischen der Regional- und der Verbandsliga. Im Sommer 2007 drohte die Insolvenz. Eine Entwicklung, die Steilmann dazu brachte, sein (fußballerisches) Lebenswerk kritisch zu hinterfragen:

> »Für mich ist die Niederlage ja schon da. Ohne Wenn und Aber. Als ich 1963 zum Verein kam, habe ich den Leuten immer gesagt: ›Es ist ja schön, wenn ihr glaubt, mit allen Problemen immer wieder zu mir kommen zu können, aber ihr müsst euch eigene Strukturen aufbauen und Sponsoren suchen.‹ Es war eben bequem, wenn es Probleme gab, damit zum Steilmann zu gehen. Oftmals war es die einfache Lösung in einer akuten Situation, aber langfristig war dieses System für den Verein schlecht.«

Und **wenn** das Mäzenatentum auflebt, dann oftmals als etwas größenwahnsinnige Farce im Niemandsland des Ligen-Fußballs. Uwe Drzeniek, Geschäftsführer der Firma »Colloseum« und der Modekette »Forever 18«, pushte die bis dato überregional völlig unbedeutende DJK Germania Gladbeck von der Verbandsliga bis zur Qualifikation zur NRW-Liga im Jahr 2008.

> »Von wegen: Geld schießt keine Tore. In den unteren Ligen kann man mit dem gewissen Etat schnell Aufstiege kaufen. Drzeniek machte den ›Abramowitsch für Arme‹ und machte das mit Gladbeck. Der Verein wurde mit immensen Geldbeträgen künstlich aufgebläht. Es war allein sein Projekt und als alles vorbei war, brach das ganze Kartenhaus brutal zusammen«,

berichtet Sportjournalist Thorsten Richter. 2010 stellte Germania Gladbeck den Insolvenzantrag und wurde wegen ausstehender Zahlungen vom Fußball-Verband Westfalen vom Spielbetrieb ausgeschlossen. 2010/11 gründete sich die DJK Alemannia Gladbeck als Nachfolgeverein und begann den Spielbetrieb in der Kreisliga C.

Krisenmanagement und Sehnsucht

Das Aushängeschild »Traditionsverein des Ruhrgebiets« wiegt schwer. Pars pro toto dafür steht der SC Westfalia Herne, bejubelter Westmeister von 1959, Zweitligist in den 1970ern, ausgewiesen mit glorreichen Meisterschaften und bitteren Pleiten, größenwahnsinnigen Aufstiegsfantasien und spektakulären Abstürzen. Alles in allem: Drama, Komödie und die unstillbare Sehnsucht nach Höherem. Mitten im Revier liegend bietet die Stadt mit einer Arbeitslosigkeit um die 14 Prozent und 35 konkurrierenden Fußballvereinen wenig Spielraum. Fast 20 Jahre hing Westfalia am finanziellen Tropf des

Ehrenpräsident Anton Stark im Gespräch mit »Jule« Ludorf im Jahr 2011. Anfang der 1950er Jahre lehnte die Erkenschwicker Fußball-Legende ein lukratives Angebot des BVB mit der Begründung ab: »Hier in Erkenschwick war ich König, dort wäre ich nur ein Arsch gewesen.« Foto: Piorr

Milchbauern Jürgen Stieneke. Nur aufgrund seiner finanziellen Spritzen wurde in den 1990er Jahren der totale Absturz vermieden. Seit 2005 spielt man wieder konstant in der Oberliga. Der Preis dafür war der vollständige Kotau vor dem hemdsärmeligen Selfmademan, der bis zu seinem Rückzug mit seiner patriarchalischen Art und Weise den Verein dominierte.

Seit dem 11. November 2011 führt nun der Versicherungsunternehmer Sascha Loch die Geschäfte.

»Mein Vorgänger wollte hier am Schloss Strünkede abschließen, aber mit einem verjüngten Vorstandteam haben wir es bisher geschafft, wenigstens die Oberliga zu halten.«

Unter dem Slogan »Mit Herz statt Kohle« wurde die Struktur umgekrempelt und der Jahresetat (notgedrungen) von etwa 240.000 Euro auf die Hälfte reduziert. Davon müssen allein jährlich um die 50.000 Euro für den

Warten auf den Mann mit dem Geldkoffer. Fans des SC Westfalia Herne, 2008
Foto: Tobias Bärmann

Unterhalt des vereinseigenen Stadions aufgebracht werden. Zusätzlich drücken Altlasten in sechsstelliger Höhe nicht nur auf die Moral. Spielerisch setzt der Vorstand neuerdings auf Talente aus der eigenen Jugend.

> »Unser Ziel muss es sein, alle Kräfte zu bündeln und die Leute bei der Westfalia zu halten, die sich dem Verein verbunden fühlen«,

erklärt der Vorsitzende. Aber der interne Strukturwandel zehrt an den Kräften. Dem 46-Jährigen brachte der Stress einen Herzinfarkt ein, der permanente Abstiegskampf in der Oberliga kostete Zuschauer.

> »In Herne ist mittlerweile die Stadt der größte Arbeitgeber, ansonsten gibt es kaum mittelständische Unternehmen. Die Geschäfte sind meistens nur Filialen von bundesweiten Ketten und haben nicht das geringste Interesse daran, sich lokal zu engagieren. Wenn man Glück hat, kriegt man mal ein Netz Bälle.«

Dafür dass die Diva unter den Traditionsvereinen wenigstens ab und zu überregionale Schlagzeilen produziert, sorgt Bernd Faust. »Meine Aufgabe ist es, die Marke ›Westfalia‹ ein bisschen zu beatmen.« Mit viel Witz und Kreativität stilisierte der ehrenamtliche PR-Mann im Dezember 2012 in Anlehnung an den Maya-Kalender das Derby gegen Wattenscheid 09 zur »Apokalypse blau« hoch und ließ in der Stadt 10.000 Freikarten verteilen. Um das Event effektiv promoten zu können, nahm er die Woche vor dem Spiel Urlaub. Belohnt wurde das Engagement mit 3.300 Zuschauern und ungewohnter medialer Präsenz von der *Bild* bis zu den öffentlich-rechtlichen Fernsehanstalten. Sogar dpa jagte eine Meldung heraus.

»Normalerweise wären zu dem Spiel 400 Zuschauer gekommen. Ich wollte einfach beweisen, dass man die Leute begeistern und ins Stadion lotsen kann«,

sagt Faust. Gleichzeitig musste er auch die Grenzen einer solchen Aktion erfahren. Als sich die Redaktion des *Kicker* bei ihm meldete, um ein paar Infos abzustauben, hakte Faust nach: »Kann ich Sie denn in Zukunft mal für Westfalia-Storys anrufen?« Die Antwort war unmissverständlich: »Ja, wenn Sie in der Ersten oder Zweiten Bundesliga spielen.«

So bleibt der Traum vom schlafenden Riesen, der nur wachgeküsst werden muss, omnipräsent. Auch der Vorsitzende Sascha Loch kann sich dem nicht entziehen:

»Wir sind ein gewachsener Verein. Wenn einer in der Zweiten Liga spielen will, muss er eine Million Euro investieren. Dann lässt sich auch über Aufstiege reden.«

Bernd Faust formuliert es gewohnt rotziger:

»König, Kaiser, Diktator: Egal! Hauptsache er bringt einen Haufen Geld mit.«

Gibt es ein Leben im Falschen?

Ein Grandseigneur des ambitionierten Amateurfußballs ist Horst Darmstädter. Über 40 Jahre lang hat er den VfB Hüls geprägt. Dabei hat der Tausendsassa alles erlebt: früher den langsamen Aufstieg durch die Unterstützung der Chemischen Werke Hüls AG, unlängst den Einstieg und den Absprung des Hauptsponsors Evonik. Er beklagt die frühzeitige Abwanderung der talentierten Jugendspieler, die schnell für die Zweitvertretungen

Von nun an lange Spaziergänge: Horst Darmstädter – bei der Saisonvorstellung des VfB Hüls im Sommer 2012
Foto: Roy Gilbert, Revierfoto

der großen Klubs verpflichtet werden, und so manche Entscheidung auf Funktionärsebene:

> »Für die NRW-Liga mussten isolierte Tribünen für mitunter 30 Gästefans geschaffen werden. Und es hagelte weitere Verbandsauflagen, die kaum zu stemmen waren. Bei manchen Spielen habe ich mehr Security-Personal gesehen als Zuschauer«,

resümiert Darmstädter, der von 2008 bis 2012 als Sprecher der NRW-Liga fungierte. Außerdem sah er genug »ausgeflippte Präsidenten«, die mit aller Macht nach oben wollten:

> »Da wurden VIP-Leistungen gebracht, von denen man nur träumen konnte. Bis Weihnachten waren die dann meistens platt. Es wurden Schulden gemacht und am Ende stand die Insolvenz.«

Aber nicht jedes seiner Argumente ist stichhaltig. Die Ausweitung des Bundesligaprogramms auf den Sonntag, den traditionellen Amateurspieltag, ist als Krisenfaktor wenig plausibel. Zwischen Ruhr und Emscher gehen nicht mehr oder weniger Leute ins Stadion, weil auf »sky« Braunschweig gegen Frankfurt läuft. In der ganzen Saison 2012/13 fanden sonntags nur dreimal parallele Spiele von Borussia und Schalke statt, darunter nur ein Heimspiel. Trotzdem sticht das »Fernsehen-Argument«, aber anders als man denkt.

> »In der jungen Fan-Generation hat sich die Art und Weise geändert, wie Fußball wahrgenommen wird. Sie sind das Fußball-Kino mit fünf Wiederholungen und dramatischen Nahaufnahmen im Fernsehen gewohnt. Das einfache Beobachten eines Amateurkicks mit unbekannten Spielern in einem zugigen

Stadion ist für sie völlig uninteressant. Selbst als Fans finden sie in der Bundesliga eine Bühne, die sie im Fürstenbergstadion oder in der Kampfbahn am Katzenbusch nicht haben«,

beobachtet Heiko Buschmann. Für den *RevierSport*-Chefredakteur sind sinkende Zuschauerzahlen in den unteren Ligen schlichtweg auch demografisch begründet: »Die Alten sterben weg, die Jungen kommen nicht nach.« Die Folgen sind auch in der Vereinsarbeit selbst zu spüren: Immer weniger Menschen sind bereit, den heiligen Sonntagnachmittag in der Würstchenbude oder im selbst gezimmerten Fanshop zu verbringen.

Zuschauer weg, Sponsoren weg, Sex-Appeal weg, Talente weg, Mitglieder weg, ehrenamtliche Helfer weg. Ist der Amateurfußball überhaupt noch zu retten? »Das ist doch die Gretchen-Frage«, stimmt Horst Darmstädter zu. Fusionen sind für ihn keine Lösung. »Dann würden wir doch das letzte Stückchen Identität verlieren, das wir noch haben.« Auch der Herner Bernd Faust ist sich im Klaren darüber, dass man an den »heiligen Sakramenten« festhalten muss:

> »Würden wir das kostspielige Stadion aufgeben, würde der Mythos Westfalia komplett ausgehöhlt werden und verloren gehen.«

Und etwas resigniert wirft er ein:

> »Vielleicht müssen wir uns damit abfinden, dass die proletarische Tradition des Fußballs im Revier, die bei uns noch vorhanden ist und gelebt wird, einfach nicht mehr zeitgemäß ist.«

Selbst die Artisten rund um den Rasen stehen der Zukunft eher ratlos gegenüber. Horst Darmstädter hat im Oktober 2012 im Alter von 75 Jahren seine Ämter niedergelegt. Heute genießt er die langen Spaziergänge mit seiner Frau, statt sich durch ellenlange Vorstandssitzungen zu quälen.

> »Die Zeiten für den Amateurfußball sind schwer – und sie werden noch schwerer«,

sagt er. Weit und breit findet sich niemand, der ihm widerspricht.

Ruhr Games
Sport, Action und Popkultur
von Dieter Nellen und Niklas Börger

Die Metropole Ruhr ist eine Region des großen Sports – nicht nur im Fußball, wo Borussia Dortmund und Schalke 04 auf der internationalen Bühne zu Hause sind. Durch internationale Wettkämpfe wie die Tischtennis-Team-Weltmeisterschaften 2012 in Dortmund oder die diesjährige Kanu-Weltmeisterschaft in Duisburg etabliert sich die Region zu einer bedeutenden Sportmetropole.

Als Ausrichter der Kulturhauptstadt Europas 2010 hat das Ruhrgebiet bereits gezeigt, dass ein großes Veranstaltungsformat auch wirtschaftliche Effekte erzielen kann. Der Masterplan Sport für die Metropole Ruhr 2020 zeigt, dass gerade die Ausrichtung tragfähiger Großsportereignisse ein wichtiges Handlungsfeld für die zukünftige Positionierung der Region darstellt.

Dieter Nellen ist Referatsleiter für Kultur und Sport beim Regionalverband Ruhr.

Mit dem Projekt Ruhr Games soll ein neues, eigenes, europaweites Format mit regionalem entstehen und gleichzeitig ein Event mit dem Dreiklang Sport, Jugend und Kultur entwickelt werden. Initiiert durch den RVR und das Ministerium für Familie, Kinder, Jugend, Kultur und Sport (MFKJKS) sind die Ruhr Games als internationales Jugendsportereignis für eine stärkere Positionierung der Jugend- und Sportkultur in der Region vorgesehen.

Niklas Börger ist Ruhr Games Projektleiter.

Die Ruhr Games sind als mehrtägiges Event in zweijährigem Rhythmus geplant. Begleitet durch vorbereitende Qualifikationsturniere sollen die Wettkämpfe in olympischen Sportarten sowie in Fun- und Actionsportarten von Kindern und Jugendlichen zwischen zwölf und 18 Jahren aus den Revierkommunen und ihren europäischen Partnerstädten ausgetragen werden. Eine erstmalige Umsetzung der Ruhr Games ist für das Jahr 2015 geplant.

Bereits im Frühjahr 2012 wurde durch das Ruhrparlament der Erarbeitung eines Planungs- und Durchführungskonzepts zugestimmt. Für die Erarbeitung des Konzepts wurde ein öffentlicher Teilnahmewettbewerb »Ruhr Games 2015/2016« ausgeschrieben. Sechs Agenturen haben die Voraussetzungen für die Auftragsvergabe erfüllt und wurden dazu aufgefordert, ihre Konzeptideen im Rahmen eines Pitches vorzustellen.

Radfahrer an der Ruhr
Foto: RVR/Joachim Schumacher

Zwei renommierte Sportagenturen überzeugten die Sportexperten-Jury und arbeiten nun seit Ende Juni 2013 gemeinsam am Planungs- und Durchführungskonzept der Ruhr Games. Zum einen weist ProProjekt aus Frankfurt internationale Erfahrungen in der Raumkonzeption auf (FIFA World Cup, Münchener Olympia-Bewerbung), zum anderen gilt die Agenturgemeinschaft Cardiac/Titus aus Münster als weltweiter Experte im Trend- und Actionsport. Beiden Agenturen ist es gelungen, ein auf die Metropole Ruhr abgestimmtes Rahmenkonzept zu erstellen. Im November soll der erste Entwurf des Planungs- und Durchführungskonzepts den Fachgremien vorgestellt werden. Nach Einreichung des finalen Entwurfs im Dezember 2013 soll dieser durch die RVR-Verbandsversammlung verabschiedet werden.

Ein wesentlicher Fokus der Konzeptarbeit liegt auf der Evaluierung von Standortszenarien für die Austragungsjahre 2017, 2019 und 2021. Ziel ist es, ein langfristig tragfähiges Konzept zu erarbeiten, welches die Entwicklungen der einzelnen Standorte aufgreift und stärkt. Die gesamte Metropolregion Ruhr soll mit jährlich wechselnden Schwerpunkten bespielt werden. Dazu werden für die einzelnen Jahre unterschiedliche zentrale Austragungsorte und Satellitenstandorte mit jeweils verschiedenen inhaltlichen Schwerpunkten identifiziert. Regionale Besonderheiten der einzelnen Austragungsorte im Ruhrgebiet sollen somit gestärkt werden. Mit mindestens 17 Spitzensportstätten ist die Metropole Ruhr infrastrukturell für die Ausrichtung der Ruhr Games gut gerüstet; dies spricht für unterschiedliche Kernsportarten in den einzelnen Austragungsorten der Jahre 2015 bis 2021. Jeder Austragungsort qualifiziert sich nicht zuletzt durch den infrastrukturellen Bestand.

Der Vernetzung der einzelnen Austragungsorte wird durch ein Mobilitätskonzept nachgegangen, welches bestehende Verkehrsnetze aufgreift sowie ein zusätzliches Angebot für Sportler und Besucher schafft. Der detaillierte Finanzierungs- und Budgetplan wird den Kostenaufwand für einen zweijährigen Zyklus dokumentieren.

Das sportpolitische Profil der Ruhr Games setzt sich aus drei Themenfeldern zusammen, die je nach Leistungsniveau, Sportart und Qualifikation variieren. Die Leistungs- und Breitensportwettkämpfe finden unter den Themen »Masters«, »Team Challenge« und »For All« statt, um Sportlern verschiedener Leistungsniveaus eine Teilnahme zu ermöglichen.

Der sportliche Wettstreit aus olympischen Disziplinen sowie publikumsstarken Trend- und Actionsportarten soll durch ein attraktives Jugendkultur- und Musikprogramm ergänzt werden. In Verbindung mit der einzigartigen Kulisse des Ruhrgebiets wird so eine außergewöhnliche Bühne für junge Nachwuchsathleten geschaffen. Zudem wird eine nachhaltige Kommunikationsstrategie entwickelt, indem die Ruhr Games neben dem vier- bis fünftägigen Hauptevent zusätzlich durch ganzjährige, vorbereitende Pre-Events und nachbereitende Post-Events begleitet werden. Nicht zuletzt die »Road to Ruhr Games« bereitet Sportler und Besucher auf das mehrtägige Hauptprogramm der vor.

Ziel der Ruhr Games ist es, den Erlebnis- und Freizeitwert der Metropolregion Ruhr durch ein langfristiges Regionalisierungsprojekt zu steigern. Durch qualifiziertes Fachpersonal mit Erfahrungen im Sport- und Eventbereich kann ein nachhaltig, dauerhaft tragfähiges Sportevent etabliert werden. Die Abfolge sportlicher Veranstaltungen und Wettbewerbe soll die Metropolregion Ruhr nach außen imageprägend darstellen sowie nach innen identitätsstiftend wirken und den Strukturwandel in der Region und in NRW deutlich machen.

Das Projektteam »Ruhr Games« ist im Referat Kultur und Sport, »Regionale Sportprojekte« angesiedelt und ist sowohl für die Projektkonzeption als auch für die Projektsteuerung zuständig. Als wichtige Sportinstanz der Metropolregion Ruhr arbeitet es in einem dialogorientierten Verfahren eng mit den ausgewählten Agenturen sowie mit sämtlichen Partnern aus Politik, Verwaltung, Sport und Kultur der 15 Gebietskörperschaften sowohl bei der Planung als auch später bei der Umsetzung zusammen.

Bis Dezember 2013 befindet sich das Projekt in der intensiven konzeptionellen Planung. Sollte die Verbandsversammlung des RVR das Konzept verabschieden, werden 2014 diverse Pre-Events in der gesamten Metropole Ruhr stattfinden und damit die ersten operativen Maßnahmen eingeleitet.

Medien

Presse

Jenseits des WAZmanns

Die Vielfalt der Medienlandschaft im Ruhrgebiet gilt als überschaubar. Ein Vorurteil: Zahlreiche, zum Teil auch bundesweite Medien werden im Ruhrgebiet produziert.

Für viele ist das Ruhrgebiet WAZ-Land. Das Essener Medienhaus, das Anfang des Jahres seinen Namen von *Westdeutsche Allgemeine Zeitung* in Funke-Mediengruppe geändert hat, ist das mit Abstand größte und einzige international tätige Medienunternehmen aus dem Ruhrgebiet und durch die Übernahme von Titeln der Axel Springer AG, wie *Hamburger Abendblatt*, *Berliner Morgenpost* und *Bild der Frau*, ist das Verlagshaus nach Jahren wieder auf Expansionskurs gegangen.

Doch es gibt auch eine Medienlandschaft jenseits von WAZ und *Neue Ruhr Zeitung/Neue Rhein Zeitung* (NRZ): Die *RuhrNachrichten* aus dem Medienhaus Lensing sind neben Dortmund, wo sie seit Jahrzehnten traditionell Markführer sind und mittlerweile auch den Lokalteil für die WAZ und die WR liefern, in Lünen, Werne, Selm, Castrop-Rauxel, Witten, Schwerte und Bochum vertreten. Daneben gibt Lensing die *Dorstener* und die *Halterner Zeitung* heraus. Die Verlagsgruppe Ippen ist im Osten des Ruhrgebiets mit dem *Westfälischen Anzeiger* in Hamm, das in Marl ansässige Medienhaus Bauer im Norden des Ruhrgebiets im Kreis Recklinghausen präsent. In Duisburg und im Kreis Wesel ist zudem die *Rheinische Post* eine Alternative für viele Leser.

Das Ruhrgebiet war aber auch immer ein Ort, an dem neue Medien aufgebaut wurden. Deutschlands erfolgreichstes Studentenmagazin *Unicum* wurde 1983 von

Hermann Josef Billstein und Manfred Baldschus gegründet. In einer Zeit, als die meisten Studentenmagazine unregelmäßig, schwarzweiß und mit einem unkommerziellen Anspruch erschienen, erkannten die beiden eine Marktlücke: ein aktuelles, regelmäßig erscheinendes hochwertiges Studentenmagazin, das neben Politik auch andere Aspekte des studentischen Lebens berücksichtigte und so das Gros der Studenten ansprach. Mit 50.000 Exemplaren startete *Unicum* 1983 – heute werden jeden Monat 400.000 Exemplare kostenlos an den deutschen Hochschulen verteilt.

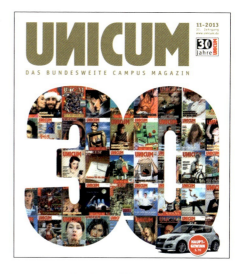

Unicum

Andere Beispiele für erfolgreiche Verlagsgründungen finden sich in Dortmund. Gleich zwei bundesweit bedeutende Musikmagazine werden in der Stadt produziert.

1983 fing *Rock Hard* als Fanzine für Hardrock und Heavy Metal an. Damals fanden in der Dortmunder Westfalenhalle zahlreiche Heavy-Metal- und Hardrock-Konzerte statt und Holger Stratmann begann, für die Szene ein eigenes Magazin herzustellen. Fanzines gab es in Deutschland seit den 1970er Jahren. Sie waren vor allem im Umfeld der Punk- und New-Wave-Szene weit verbreitet, wurden von Fans für Fans hergestellt und hatten teilweise einen großen Einfluss. So wurde die gesamte Musikrichtung Punk nach einem Fanzine benannt – dem New Yorker *Punk Magazine*.

Die ersten *Rock-Hard*-Ausgaben kamen gerade einmal auf 20 Seiten, die Auflage war mit 110 Exemplaren ebenfalls überschaubar.

Das ist lange her. Seit 1989 erscheint *Rock Hard* monatlich und hat heute eine Auflage von über 55.000 Exemplaren. Das Magazin ist längst fester Bestandteil der Heavy-Metal-Szene, berichtet über Bands und Neuerscheinungen und tritt als Sponsor von großen Festivals auf.

Mittlerweile hat das Magazin weltweit unabhängige Ableger, die sich an dem Konzept aus Dortmund orientieren: *Rock Hard* gibt es in Brasilien, Frankreich, Griechenland, Italien und Spanien.

Visions

Ebenfalls als Fanzine begann 1989 das Magazin *Visions*. Im Zentrum von *Visions* stehen seit der ersten Ausgabe Alternative- und Independent-Bands. Wurden Anfangs 300 Exemplare von jeder Ausgabe gedruckt, hat *Visions* heute eine Auflage von 30.000 Exemplaren. Nach wie vor berichtet *Visions* über Bands aus der Szene, liefert Reportagen, Interviews und Plattenkritiken. Der Einfluss von *Visions* in der Szene ist groß: Als das Magazin Anfang 2013 erklärte, sich wegen der Teilnahme der völkischen Südtiroler Band Frei.Wild vom Sponsoring des »With Full Force«-Festivals zurückzuziehen (»Mit Frei.Wild, ohne uns«) löste dies eine Kettenreaktion aus: Noch am selben Tag zog auch Jägermeister seine Sponsoring-Zusage zurück – das Festival fand schließlich ohne Frei.Wild statt.

Lokal und digital – Journalismus im Jahr 2013
von Philipp Ostrop

Während ich diesen Beitrag schreibe, ist es Oktober 2013 und in Deutschland geht ein neues Nachrichtenportal im Internet an den Start: die *Huffington Post*.

Die Internetseite übernimmt das Konzept der amerikanischen Mutter-Website: Sie ist eine Mischung aus Nachrichten, Blogs und Meinungsbeiträgen von Politikern, Sportlern oder Wirtschaftsbossen. Die Nachrichten werden oft jedoch nicht von den eigenen *Huffington-Post*-Journalisten recherchiert, sondern aus anderen Quellen abgeschrieben, zusammengefasst, neu sortiert. »Kuratieren« heißt das Zauberwort. In den USA und anderen Ländern ist die *Huffington Post* damit außerordentlich erfolgreich.

Die *Huffington Post* kommt sehr laut daher, sehr aufgeregt, die Schlagzeilen bestehen aus Großbuchstaben in riesiger Schrift. In der Medienbranche ist der Start der *Huffington Post* mit ebenso großer Aufregung diskutiert worden. Die einen sahen darin den Untergang des Abendlandes, die anderen die Geburt eines völlig neuen Journalismus, der viele herkömmlichen Angebote vernichten wird. Und gedruckte Zeitungen, ja, die seien ja sowieso vom Aussterben bedroht. Internet gegen Zeitung, Online gegen Print – das ist das Szenario, das viele an die Wand malen.

Nun sind seit dem Start der *Huffington Post* ein paar Wochen ins Land gegangen. Das Abendland ist nicht untergegangen (das wissen wir ziemlich sicher, denn sonst könnten Sie diesen Text jetzt nicht lesen). Und die bisherigen journalistischen Angebote sind seit Okto-

Philipp Ostrop ist Redaktionsleiter der Ruhr Nachrichten in Dortmund.
Foto: Archiv

ber nicht völlig verschwunden (das ist jedenfalls meine starke Vermutung). Der Grund dafür ist ganz simpel und damit nähern wir uns dem Thema dieses Beitrags: Mit dem echten Leben hat das wenig zu tun, was die *Huffington Post* abbildet – denn das echte Leben findet auf einer ganz anderen Ebene statt: vor der Haustür, in der Nachbarschaft, in der örtlichen Politik, im Sportverein, auf der Arbeit. Das Leben ist lokal – und das ist keine große Überraschung. Im Lokalen passieren die Geschichten und entstehen die Themen, die relevant sind für das Leben. Themen, die man kennen muss, um mitzureden. Nachrichten im allerbesten Sinn, nämlich zum »danach richten«. »Aus Dortmund und aus Überzeugung« lautet einer unserer Werbeslogans – das ist verdammt ernst gemeint.

Regelmäßig kommen Besuchergruppen in meine Redaktion und regelmäßig überrasche ich sie mit zwei Aussagen. »Erstens: Sie befinden sich in einer ehemaligen Zeitungsredaktion«, sage ich und betone das Wort »ehemalig«. Dann erkläre ich, dass »ehemalig« nicht bedeuten soll, dass wir keine Zeitungen mehr produzieren (denn Zeitungen sind und bleiben auf Sicht das wichtigste Standbein von Regionalverlagen). »Ehemalige Zeitungsredaktion« soll jedoch bedeuten, dass die Internetseiten unserer Medienhäuser für uns Journalisten bei der Versorgung unserer Leser mit Nachrichten natürlich längst genauso wichtig sind wie die gedruckte Zeitung. Die zweite Aussage ist für manche Besucher noch überraschender: Ich sage ihnen, dass die sozialen Netzwerke wie Twitter und Facebook für uns Lokaljournalisten hochgradig relevant sind.

Ja, es stimmt: Wir können uns die journalistische Arbeit ohne Twitter und Facebook nicht mehr vorstellen. Denn Menschen sprechen über das, was sie bewegt. Das tun sie klassisch auf dem Marktplatz, in der U-Bahn oder in der Kneipe (»Haste schon gehört?«). Das tun sie aber längst auch in der digitalen Welt. Da gründen sich Facebook-Gruppen für oder gegen die geplante Schließung von städtischen Einrichtungen, da twittern Passanten über vollgelaufene Keller, weil ein großes Wasserrohr gebrochen ist. Da finden wir Journalisten Stimmen und Stimmungen, Ansprechpartner und Betroffene, Quellen und Kritiker. Wir sehen Themen für unseren Internetauftritt und für die Zeitung, wir bekommen Hinweise und ordentlich einen drüber, wenn nicht stimmt, was wir schreiben. Nie zuvor hatten wir einen so kurzen Draht und waren so nah dran an unseren Lesern.

Und nie zuvor hatten wir so viele Möglichkeiten, interessante Geschichten zu erzählen. Eine relativ neue Disziplin nennt sich »Datenjournalismus«. Dahinter verbirgt sich die Aufbereitung von Statistiken und großen Datenmengen zu übersichtlichen Grafiken. Es ist die Verbindung von Journalismus und Informatik, auch wir experimentieren damit und sammeln Erfahrungen darin.

Langsam begreifen wir, welch riesiger Schatz sich in lokalen Daten verbirgt und dass uns diese Zahlen helfen, unsere Leser besser zu informieren. Wie die Statistiken zur Entwicklung der lokalen Schullandschaft, die wir begleitend zu einer großen Schul-Serie ins Internet stellen konnten. Wie die interaktive Karte, auf der alle 620 Dortmunder Mobilfunkmasten verzeichnet sind und die es einem ermöglicht, die nächstgelegenen Funkmasten zu einer bestimmten Adresse herauszufinden. Alle denkmalgeschützten Häuser der Stadt. Alle angemeldeten Osterfeuer. Die Entwicklung der Mietpreise im Stadtteilvergleich. Die größten Schlaglöcher. Die häufigsten Krankheiten in der Stadt. Und, und, und. Interessanter Stoff, hoch relevant für unsere Leser.

Es geht nicht um »Internet gegen Zeitung« – in meiner Branche geht es um »Internet **und** Zeitung«, es geht vor allem um »lokal und digital«. Nie zuvor war Lokaljournalismus spannender.

Museumskooperation
von Martin Kuhna

RKM – manche Insider sagen tatsächlich »ErKaEmm«. Ob sich das weithin durchsetzen wird, ist fraglich, denn das Kürzel mag cool-lapidar daherkommen, aber es steht schon für sehr vieles in Deutschland: für die Realschule Korntal-München, für Rasterkraftmikroskop, für Rotationskolbenmotor, für allerlei Firmen oder Firmchen. Da sind jetzt die RuhrKunstMuseen vielleicht ein bisschen spät dran. Unabgekürzt aber sind sie tatsächlich im Begriff, sich durch gemeinsames Auftreten und gemeinsame Aktionen auch einen gemeinsamen Namen zu machen.

»Es gab schon längere Zeit in mehreren Häusern das Bedürfnis, aus der Einzelkämpferei herauszukommen«, sagt Hans Günter Golinski, Direktor des Kunstmuseums Bochum und derzeit Sprecher der RuhrKunstMuseen. Mit Blick auf das Kulturhauptstadtjahr überwog das Bedürfnis schließlich alle Bedenken, sodass sich die 20 Museen 2010 mit gemeinsamen Projekten präsentierten: »Mapping the Region« und »Collection Tours«. Nach Ablauf des magischen Jahres sollten und wollten die RuhrKunstMuseen als »Netzwerk« weiterarbeiten.

Das Modewort kann indes sehr viel oder sehr wenig bedeuten. Der Gefahr des Unverbindlichen begegnete die junge Arbeitsgemeinschaft – nach professioneller Evaluation des bis dato Geleisteten – durch institutionelle Strukturen. Darin ist das Plenum der 20 Direktoren zentrales Entscheidungsgremium, nach außen vertreten durch zwei periodisch wechselnde Sprecher.

Da die gemeinsame Außenwirkung ein offensichtliches Desiderat war, bewarben sich die 20 zunächst erfolgreich um die Teilnahme an einem Förderprojekt

Martin Kuhna ist Journalist und arbeitet unter anderem für das Kulturmagazin K.West.

»kulturelle Vermarktung« der EU und des Landes NRW. Bei der Formulierung und Umsetzung eines Marketingkonzepts stand und steht die RTG als Dienstleister bereit. Zu den sichtbaren Ergebnissen dieser Öffentlichkeitsoffensive zählten 2013 ein Neujahrsempfang in der Berliner Nationalgalerie, ein gemeinsamer Stand auf der »Art Cologne«, eine eigene Website und ein sehr nützlicher kleiner Führer namens »Ruhr Selection«, der alle 20 Häuser vorstellt und auch Hinweise gibt, wo inhaltliche Bezüge den Besuch mehrerer Museen unter einem thematischen Aspekt nahelegen.

Inhaltlich setzte das Netzwerk zunächst einen Schwerpunkt bei jener Kunst, die gleichsam zwischen den Häusern existiert: im öffentlichen Raum. 2012 erschien ein Buch über 100 solcher Werke, die damit nach Jahrzehnten sträflicher Vernachlässigung ins Bewusstsein der Region zurückgeholt wurden: »Public Art Ruhr«. 2013 ging die Rehabilitierung weiter: Fünf

Museum Bochum
Foto: RVR

zugewachsene, verschmutzte, beschmierte Kunstwerke – darunter Richard Serras so hitzig umstrittener »Terminal« am Bochumer Hauptbahnhof – wurden gereinigt, restauriert und in öffentlichen Aktionen »neu enthüllt«. Finanzielle Hilfe für die »Public Art«-Projekte kam von der Essener Brost-Stiftung.

Für 2014 planen 14 der RuhrKunstMuseen ein gemeinsames Ausstellungsprojekt mit Arbeiten von Künstlern, die im Ruhrgebiet leb(t)en oder sonst eine besondere Bindung an die Region haben; für das Folgejahr beteiligen sich ebenso viele Häuser an einem Projekt zur chinesischen Kunst. Außerdem sind mehrere Ausstellungen mit jeweils drei, vier oder fünf beteiligten Museen geplant – die häufigere und eigentlich typische Art, wie das Netzwerk künftig kooperieren wird. Auch für die inhaltlichen Projekte kann das Netzwerk administrative und konzeptionelle Dienstleistungen von außerhalb in Anspruch nehmen: Sie kommen vom RUHR.2010-Nachfolger Urbane Künste Ruhr, dem auch die Pflege der kulturellen Netzwerke zur Aufgabe gemacht wurde.

Zu diesen Dienstleistungen zählt die praktische Seite der Netzwerkorganisation: Einladungen zu den Plenumssitzungen etwa, Schreiben der Protokolle. Was die Treffen der Museumsleiter selbst angeht, gibt es jedoch kein Outsourcing, wie Sprecher Golinski betont: Alle Direktoren nähmen die »Selbstverpflichtung« zur Arbeit im Netzwerk sehr ernst und dazu gehöre, dass man zu Plenumssitzungen nicht etwa Vertreter schickt.

Diese »basisdemokratische« Zusammenarbeit der Chefs ist wohl das Erstaunlichste an dem neuartigen Netzwerk. Denn es handelt sich ja nicht nur um sehr individuelle Personen, sondern auch um Museen sehr verschiedenen Zuschnitts und Gewichts. Besonders groß ist natürlich der Kontrast zwischen den kleinsten

Häusern und der für sich allein weltweit renommierten Ruhrgebietsinstitution Museum Folkwang in Essen. Doch als sich das Mülheimer wie das Bochumer Kunstmuseum von Sparplänen örtlicher Politiker bedroht sahen, zählte Hartwig Fischer als Folkwang-Direktor und erster Sprecher der RuhrKunstMuseen zu ihren entschiedensten Verteidigern. Die Mitarbeit und Solidarität dieses herausragenden Hauses als primus inter pares sei von Anfang an entscheidend wichtig für das Netzwerk gewesen, so Golinski.

Den Eindruck, dass der neue Folkwang-Direktor mit dem Ruhrgebiet fremdele und eher auf Kooperationen mit Düsseldorf, Köln und Bonn statt mit RuhrKunstMuseen schiele, teilt Golinski nicht. Was die »Rheinschiene« betreffe, so schließe das eine ja das andere nicht aus. Im Übrigen habe er Tobia Bezzola als »voll solidarischen« Teilnehmer des Netzwerks erlebt. Dass der Kollege sich – wie andere Neuzugänge unter den Direktoren –

U-Turm in Dortmund
Foto: RVR

mit dem in Fachkreisen bereits viel beachteten Modell erst vertraut machen müsse, sei natürlich.

Die Solidarität wird wichtig bleiben angesichts wiederkehrender politischer »Zahlenspielereien« (Golinski) um die vielen auf moderne und zeitgenössische Kunst ausgerichteten Museen zwischen Hamm und Duisburg. Da sieht der Sprecher sein Netzwerk auch als »kulturpolitische Kraft« gegen Sparkommissare, die womöglich »RuhrKunst« in wenigen Häusern vereinigen möchten. Bei näherem Hinsehen zeige sich aber, sagt Golinski, dass es nicht um eine bloße Addition verstreuter Bestände gehe. Die RuhrKunstMuseen seien vielmehr ein Organismus aus unterschiedlich gewachsenen Häusern und Sammlungen. Und wenn man aus solch einem Organismus ein Stück herausschneide, »verblutet das Ganze«.

Urbane Künste Ruhr
Wenn Kunst die Stadt neu denkt
von Katja Aßmann

Die Besucher der EMSCHERKUNST.2013 sahen zwischen Duisburg und Gelsenkirchen, zwischen Emscher, Rhein und den Autobahnen A43 und A3 eine Kunstausstellung von internationalem Format. Per Rad, wandernd oder mit Schiff und Bus erkundeten sie 100 Tage lang renommierte wie ganz junge künstlerische Positionen in einer einzigartigen Landschaft am Übergang zwischen urbanem und natürlichem Raum, wie sie typischer für das Ruhrgebiet nicht sein könnte. Für viele der Besucher steht die EMSCHERKUNST.2013 gleichbedeutend mit Urbane Künste Ruhr.

Breaking New
Foto: UKR

Tatsächlich war 2013 jedoch das Jahr, in dem wir uns mit ganz unterschiedlichen Veranstaltungsformaten in den Diskurs über die Zukunft des Ruhrgebiets einschalteten und ihm eine neue Richtung und Dynamik verliehen. Ausstellungsprojekte wie EMSCHERKUNST.2013, ÜBER WASSER GEHEN und die 2013 begonnene und bis ins Jahr 2014 reichende Arbeit »B1|A40 – Die Schönheit der großen Straße« (alle drei Ausstellungen führen erfolgreiche Projekte des Kulturhauptstadtjahres fort) sind dabei die offensichtlichsten Beiträge. Genauso wichtig sind aber auch die regelmäßige Diskussionsreihe Urbane Künste Ruhr Salon, Art Walks and Talks, die Mobilen Labore und das Symposium 2013 sowie die zahlreichen Kooperationen mit Ruhrtriennale, Ringlokschuppen, den Netzwerken RuhrKunstMuseen, KunstVereineRuhr und weiteren Organisationen in der Region.

Erst durch diese Vielfalt unterschiedlicher großer und kleinerer Formate entsteht das, was sich nicht nur mein Team und ich vorgenommen haben, sondern was auch der offizielle Auftrag von Urbane Künste Ruhr unter der Trägerschaft der Kultur Ruhr GmbH ist: die Nachhaltigkeit der Kulturhauptstadt Europas RUHR.2010 zu sichern. Mehr noch als um die Fortführung der erfolgreichen Projekte des Kulturhauptstadtjahres geht es dabei um ein inhaltliches Weiterdenken. »Kultur durch Wandel – Wandel durch Kultur« lautete das viel zitierte Motto der Kulturhauptstadt und bereits die IBA Emscher Park hatte die kulturelle Nutzung des industriellen Erbes des Ruhrgebiets als Chance entdeckt und vorangetrieben. Letztere blickte vor allem aus einer architektonischen und stadtplanerischen Perspektive auf die Veränderungsprozesse des Ruhrgebiets, das Jahr der Kulturhauptstadt war ein Event mit internationaler Strahlkraft, das diesen Prozessen weltweit Aufmerksamkeit verschaffte – Urbane Künste Ruhr verbindet diese Ansätze und denkt sie konsequent weiter.

Katja Aßmann ist Künstlerische Leiterin bei Urbane Künste Ruhr. Foto: Manfred Vollmer/UKR

Urbane Künste Ruhr 239

Antiherbst Baum
Foto: UKR 2

EK 2013
Foto: Haubitz Zoche

Natur 3000
Foto: Billie Erlenkamp

Urbane Künste Ruhr Salon
Foto: Manfred Vollmer

Bei der IBA Emscher Park und der Kulturhauptstadt Europas RUHR.2010 war ich maßgeblich beteiligt, nun habe ich es mir zum Ziel gesetzt, in der Arbeit von Urbane Künste Ruhr die Möglichkeiten der Kunst für Stadtentwicklung und Planung auszuloten. Letztlich geht es dabei um nicht weniger als eine neue Kunst im öffentlichen Raum. Nicht Kunst als dekorative Maßnahme in der Stadt, sondern als Weg, die Bedingungen des Urbanen zu erforschen und den urbanen Raum nachhaltig von innen heraus zu gestalten. Ein Ansatz, der von den eingeladenen Künstlern die langfristige Arbeit vor Ort einfordert, der die Bewohner der Metropolregion Ruhr von Anfang an mit einbezieht und so eine große Akzeptanz der angestoßenen Prozesse in der Region schafft. Zudem sichert die ambitionierte Vision von Urbane Künste Ruhr dem Projekt einen prominenten Platz im internationalen Kunst- und Stadtplanungsdiskurs. Gezielt gefördert und unterstützt wird diese Einbindung durch die enge Begleitung durch wis-

Symposium Turbinenhalle Bochum
Foto: Roman Mensing

senschaftliche Forschung, die für Urbane Künste Ruhr gleichzeitig Messlatte für den Erfolg der Arbeit wie Impulsgeber für die inhaltliche Weiterentwicklung ist.

Für die Umsetzung unserer Ideen findet sich weltweit kein geeigneterer Ort als das Ruhrgebiet. Als Metropolregion mit einzigartiger Ausprägung, die sowohl höchste städtische Verdichtung und komplexe Infrastrukturen wie fließende Wechsel zwischen urbanen und offenen Strukturen aufweist, bietet das Ruhrgebiet optimale Voraussetzungen, die Bedingungen des Urbanen in allen Facetten und von Grund auf zu beleuchten. Ein gutes Beispiel hierfür ist das Projekt »B1|A40 – Die Schönheit der großen Straße«, das im Jahr der Kulturhauptstadt Europas RUHR.2010 begann und dessen zweite Phase 2013 angestoßen wurde. Kuratiert von Markus Ambach beschäftigen sich Künstler mit den besonderen Bedingungen und Möglichkeiten, die am Übergang zwischen Infrastruktur und Stadt entstehen. Die Ergebnisse dieses weit ins kommende Jahr reichenden Recherche- und Arbeitsprozesses werden 2014 in eine weitere Ausstellung münden.

So sehr es hier – wie in den anderen Projekten von Urbane Künste Ruhr – um die spezifische Verfasstheit der Ruhrregion und um ortsbezogene Lösungen geht, ist das Ziel stets auch die allgemeingültige Übertragbarkeit der Ergebnisse und Erfolge auf andere urbane Situationen. Wir haben es uns zum Auftrag gemacht, Lösungen für die Entwicklung und Gestaltung von Stadt zu finden, die modellhaften Charakter haben. Dass nun nicht Stadtplaner und Soziologen, sondern Künstler sowie interdisziplinäre Kollektive aus Designern, Architekten und Künstlern sich zu dieser Erforschung des Urbanen

Emscherkunst
Foto: RVR

aufmachen, ist integraler Bestandteil der Strategie von Urbane Künste Ruhr, denn die einzigartige Struktur der Metropolregion Ruhr erfordert eine unvoreingenommene und ergebnisoffene Perspektive. Zudem ist der partizipative Grundgedanke der Projekte gerade in der Zusammenarbeit zwischen Künstlern und Bevölkerung besonders gut realisierbar, weil hier keine Erwartungen und vorgefassten Meinungen prägend sind. So kann Urbane Künste Ruhr seiner Vision gerecht werden, das Ruhrgebiet noch einmal ganz neu zu denken, bisher übersehene Potenziale zu erschließen und nachhaltige Entwicklungen für eine Zukunft dieser einzigartigen Metropolregion in Gang zu setzen.

Zentrum für Internationale Lichtkunst in Unna leuchtet voraus!

von John Jasper

»Ein Besuch im Zentrum für Internationale Lichtkunst in Unna ist ein unvergessliches Erlebnis«, verspricht Museumsdirektor John Jaspers, der das Haus seit März 2012 leitet. Das Zentrum ist das einzige Museum weltweit, das sich ausschließlich der Lichtkunst widmet. Die »Rembrandts und van Goghs« der Lichtkunst, wie James Turrell, Joseph Kosuth, Christian Boltanski und Mario Merz, um nur einige wenige zu nennen, wurden eingeladen, eine auf den Ort ausgerichtete Lichtkunstinstallation für die Untergrundräume des Museums zu gestalten, das in der ehemaligen Lindenbrauerei Unna beheimatet ist. Mit seinen Ausstellungen und seinem kulturellen Programm präsentiert sich das Museum als Kompetenzzentrum für Lichtkunst. Neben der Dauerausstellung seiner renommierten Sammlung organisiert das Museum Sonderausstellungen wie die kürzlich eröffnete Ausstellung »Words Don't Come Easily ...«, die bis März 2014 Arbeiten von Jason Rhoades, Raqs Media Collective, Tsang Kin-Wah und Boris Petrovsky zeigt.

Mit der laufenden Sonderausstellung, die unter anderem Arbeiten des kontrovers diskutierten amerikanischen Künstlers Jason Rhoades präsentiert, strebt das Museum an, ein breiteres nationales und internationales Publikum anzuziehen. Dies wird nicht nur durch Marketingmaßnahmen erreicht, sondern mit Sicherheit auch durch Kooperationen mit anderen Institutionen für Kultur und Bildung in Deutschland und darüber

John Jasper ist Geschäftsführer des Zentrums für Internationale Lichtkunst in Unna.
Foto: WAZ

hinaus, wie z. B. mit der Kreativ- und Lichtindustrie. Der Austausch von Wissen und Ideen motiviert und kann zu völlig neuen Dingen führen. In diesem Fall wird das Zusammenbringen von Künstlern und Leuten aus der Lichtindustrie, wo neue Lichtkonzepte erforscht werden, die Richtung beeinflussen, in die sich Lichtkunst entwickeln könnte. Jaspers:

> »Ich glaube, dass Lichtkunst stärker multimedial und interaktiv werden wird. Licht, Ton und Projektion werden sich vereinen. Die Arbeiten werden technisch komplexer werden und ich bin sicher, dass die Ergebnisse atemberaubend sein werden. Während sich die Technologie entwickelt, werden Künstler immer nach den Grenzen des Möglichen suchen. Was konstant bleiben wird ist, dass künstliches Licht immer in irgendeiner Form das grundlegende Material der Künstler sein wird.«

Ein Beispiel dafür, wie das Museum als treibende Kraft in den für die Lichtkunst denkbaren Entwicklungsrichtungen agieren will, ist der Plan, einen weltweiten Wettbewerb unter jungen Künstlern und Designern auszuschreiben. Eine internationale Jury wird am Ende drei Gewinner wählen, die dann ihre Ideen realisieren und in einer speziellen Ausstellung präsentieren können. In

Revoltage. Raqs Media Collective, 2011, Courtesy of Frith Street Gallery, London. Foto: www.frankvinken.com

24 Neons, various original drawings from Perfect World in a Mephisto Shoe Box cut in half (working title), 2000/2005, Jason Rhoades. Courtesy of Hauser & Wirth, Zürich.
Foto: www.frankvinken.com

diesem Zusammenhang werden Künstler und Industrie zusammenarbeiten auf der Suche nach neuen Konzepten für die Lichtkunst. Jaspers behauptet:

»Die Einzigartigkeit der Lichtkunst liegt darin, dass sie grundsätzlich ein breites Publikum anspricht. Licht zieht einfach an. Außerdem bietet die Heimat des Museums in Unna die idealen Umstände für Lichtkunst: Gibt es eine bessere Kombination als Lichtkunst, die in unterirdischen und dunklen industriellen Kellerräumen präsentiert wird? Ich sage immer, dass das Museum nicht im Internet oder auf Fotos gezeigt werden kann. Man muss sehen und fühlen, wie die Lichtkunstinstallationen mit ihrer Umgebung interagieren, man muss die Kellerräume riechen und man muss fühlen, wie die Temperatur fällt, wenn man beispielsweise die ziemlich feuchte Installation von Olafur Eliasson betritt. Das ist wirklich eine Erfahrung!«

Wissenschaft

Ruhrbanität
Ideen für eine außergewöhnliche Stadt

Die Identität des Ruhrgebiets ist so vielfältig wie unklar und gebrochen: Metropole, Stadt oder einfach ein siechendes, ehemaliges Industriegebiet? Die Diskussionsreihe Ruhrbanität setzt sich mit der einzigartigen Beschaffenheit der Region auseinander.

Das Ruhrgebiet regt seit seiner Entstehung allein durch seine Form zur Auseinandersetzung an. Ist es eine einzige große Stadt, die Ruhrstadt, wie sie der Unternehmer, Kunstsammler und Folkwang-Gründer Karl-Ernst Osthaus schon zu Beginn des vergangenen Jahrhunderts forderte, oder ein künstliches Gebilde, das ohne die Klammer der Schwerindustrie wieder auseinanderfallen wird, wie es vor allem ausgemachte Gegner

Rotunde in Bochum
Foto: RVR

Westpark in Bochum
Foto: RVR

des Ruhrgebiets und ihre Lobby-Organisationen nicht müde werden zu behaupten? Und wie sieht die Zukunft des Ruhrgebiets überhaupt aus? Können die Rezepte, mit denen andere Städte und Regionen den Wandel organisieren, auf die Metropole Ruhr übertragen werden oder müssen hier eigene Wege gefunden werden – womöglich sogar solche, an denen sich andere später orientieren? Alles unter anderem Fragen, mit denen sich die im Jahr 2012 begonnene und in diesem Jahr fortgeführte Reihe Ruhrbanität, organisiert vom Museum Ostwall Dortmund, der TU Dortmund und Urbane Künste Ruhr, auseinandersetzt. Dabei geht es auch um die Zukunft der Kreativen und der Kreativwirtschaft in dieser Region. Muss sie sich kommerzialisieren oder würde dies ihr Ende bedeuten? Oder wie kann es gelingen, den Umbau der Städte so zu schaffen, dass auch Menschen, die am Rand stehen, mitgenommen werden?

Das Konzept der Reihe ist offen, die Diskussionsveranstaltungen wollen auch ihre Besucher überraschen.

Wissensgipfel
von Helmut Diegel

»Unter Tage waren wir gestern?«

Ich erinnere mich noch sehr genau: turnusmäßige Sitzung der Hauptgeschäftsführer der sechs Ruhr-IHKs, irgendwann Anfang des Jahres 2012. Tagesordnungspunkt »Wissensgipfel«. Kurze Vorstellung der Konzeption durch die IHK Mittleres Ruhrgebiet, in jenem Jahr sogenannter »Federführer« innerhalb des Sextetts. In Bochum war die Idee für diese Veranstaltung geboren – und auch das Motto kreiert worden: »Unter Tage waren wir gestern.«

> »Unter Tage waren wir gestern?« Ich erinnere mich noch sehr genau: Die Begeisterungsstürme am Tisch hielten sich in geräuscharmen Grenzen ... Heute ist das erfreulicherweise nur noch eine Anekdote.

Mit diesem Motto, mit diesen fünf Wörtern sollte ein Signal gesendet werden – ein mehrstimmiges: in die Region, ins Land, im Idealfall quer durch die Republik. Schwarzes Gold war gestern! Wir haben nicht nach dem Strukturwandel gerufen, aber wir haben uns vor der Notwendigkeit des permanenten Wandels auch nicht weggeduckt – wenn es auch manches Mal wehgetan hat (und noch wehtut). Ja, wir sind eine Industrieregion, wollen auch eine sein – aber wir sind heute längst auch eine Wissensregion. Und sagen deshalb selbstbewusst: »Unter Tage waren wir gestern!« Problem dabei: Das weiß kaum jemand. Und deshalb müssen wir diese »neue« Botschaft des Ruhrgebiets auch senden.

Nicht nur, aber auch deshalb war es für mich zwingend, den RVR als gleichberechtigten, verlässlichen Partner ins Boot zu holen. Wer für das Ruhrgebiet spricht, wirbt, streitet – der sollte dies nicht ohne den RVR tun. Fern jeder politischen Debatte über Funktion, Bedeutung und künftige Stellung des RVR ist der Regionalverband legitimes Sprachrohr der Ruhrgebietsinteressen. Wer vom Ruhrgebiet spricht, darf darunter nicht nur die räumliche Zuordnung von Kommunen begreifen – oder muss den Gedanken, das Ruhrgebiet sei mehr als ein mehr oder minder willkürlich zusammengewürfeltes Sammelsurium an Städten, fallen lassen. Deshalb gehört der RVR dazu, wenn die Ruhr-IHKs einen »Wissensgipfel« organisieren. Das muss auch beim nächsten Wissensgipfel 2014 so sein. Dass dann auch der Initiativkreis Ruhrgebiet eingebunden wird, ist ein weiteres wichtiges Signal, gemeinsam für gemeinsame Interessen kämpfen zu wollen.

Über den angesprochenen, wichtigen Marketingaspekt hinaus gab und gibt es für die Notwendigkeit eines »Wissensgipfels Ruhr« natürlich zwingend fachliche Gründe: Wissenschaft und Wirtschaft haben nicht die Nähe, die sie haben sollten. Und: Wissenschaft, Wirtschaft und Politik müssen viel intensiver in den Dialog treten, um Rahmen und Spielregeln zu definieren, die einem großen Ziel dienen: Wissenschaft und Wirtschaft müssen gegenseitig voneinander profitieren – nur gemeinsam machen sie das Ruhrgebiet, machen sie ganz NRW zukunftsfähig.

Was haben wir uns als Veranstalter vom »1. Wissensgipfel Ruhr« erhofft?

Nicht mehr und auch nicht weniger als einen Aufbruch. Einen gemeinsamen Aufbruch, das Ruhrgebiet mit Vehemenz als Wissensregion zu positionieren. Das sind wir nämlich längst – aber es ist eben bei Weitem noch nicht in allen Köpfen angekommen. Selbst wenn

Helmut Diegel ist Hauptgeschäftsführer der IHK Mittleres Ruhrgebiet und war zuvor Regierungspräsident des Regierungsbezirks Arnsberg und CDU-Landtagsabgeordneter in NRW.

diese Erwartung hoch gegriffen erschien: Selbst auferlegte Bescheidenheit ist eine Ruhrgebietsuntugend, die uns in der Vergangenheit häufig genug behindert hat.

Wirtschaft und Wissenschaft brauchen sich wechselseitig, sind in meinen Augen perspektivisch aufeinander angewiesen. Und es wäre meiner Auffassung nach für die Entwicklung des Ruhrgebiets und damit des gesamten Bundeslandes NRW sehr förderlich, wenn die Politik im Land diesen Ansatz und diese Sichtweise in konkret umgesetzter Politik mittragen könnte. Aus dem Bewusstsein, dass wir auch eine Wissensregion sind, kann nur dann eine nachhaltige Zukunft für das Ruhrgebiet erwachsen, wenn wir dieses Ziel auch im engen Schulterschluss miteinander angehen.

Im Juli 2012 haben sich die Rektoren und Präsidenten der Ruhrgebietshochschulen erstmals mit den IHKs an einen Tisch gesetzt. Wir haben Einigkeit darüber erzielt, dass wir in Zukunft systematischer zusammenarbeiten sollten, ja: müssen. Nicht zu vergessen: Die Universitäten, Fachhochschulen und außeruniversitären Einrichtungen sind von hoher regionalökonomischer Bedeutung. Für Städte, für die Wirtschaft. Allein in Bochum hängt jeder zehnte Arbeitsplatz direkt oder indirekt mit der Existenz der Hochschulen zusammen. Das weiß nur fast keiner ...

Richtig ist: Es gibt schon längst eine Zusammenarbeit zwischen Wirtschaft und Wissenschaft. Das ist nicht nur gut und richtig und notwendig, das ist in Teilen auch schon eine Erfolgsgeschichte. Nur: Es ist auch hier eben nicht alles Gold, was glänzt. Deshalb sollte der »Wissensgipfel« auch kein Jubelkongress sein – was er auch ausdrücklich nicht war –, sondern ein Forum, auf dem Klartext geredet werden konnte. Klartext über die Erwartungen, die Unternehmen an die Hochschulen haben. Und umgekehrt. Wir wollten den Blick schärfen für den Mehrwert, den Unternehmen, Hochschulen und Städte von einer gemeinsamen Zukunftsstrategie haben.

Die Unternehmer leisten täglich ihren Beitrag zum Strukturwandel – neue Geschäftsfelder außerhalb der angestammten Bereiche lassen beispielsweise Bergbauzulieferer zu Getriebeproduzenten für Windräder werden. Die Energiewirtschaft stellt sich neu und nachhaltig auf und ganz allgemein gesprochen besetzen die mittelständischen Unternehmen Nischen auf dem Weltmarkt. Das schafft und sichert Arbeitsplätze! Damit diese Gleichungen auch in Zukunft noch aufgehen, muss das Know-how aus der Grundlagenforschung und der anwendungsorientierten Entwicklung den Weg in die Unternehmen finden. Forschung und Lehre an den Erfordernissen der Wirtschaft vorbei verkommt zum Selbstzweck. Wir brauchen den Transfer: den Transfer des Wissens von der Hochschule in die Unternehmen. Und natürlich auch den Transfer der formulierten Erfordernisse aus den Unternehmen in die Hochschulen. Beides geht nur über Köpfe.

Deshalb gelten die zwei zentralen Botschaften des »1. Wissensgipfels Ruhr« auch heute noch und morgen – ich formuliere sie appellhaft: Haltet die klugen Köpfe nach ihrem Studium an einer unserer zahlreichen Universitäten oder Hochschulen in der Region. Die Unternehmen brauchen Arbeitnehmer, die nicht nur fachlich gut ausgebildet sind, sondern auch über ihren Tellerrand schauen können und interdisziplinär denken. Diese Ausbildung müssen die Hochschulen auch in Zukunft leisten können. Zweite Botschaft: Unternehmen und Hochschulen profitieren beide davon, wenn der Technologie- und Wissenstransfer systematisiert wird. Dafür muss die Politik entsprechende Rahmenbedingungen schaffen.

Der erste Wissensgipfel ist vorbei, der zweite wird organisiert, mit einem dritten sollte man sich jetzt schon gedanklich auseinandersetzen. Und diese »Gipfel« müssen an vielen Stellen von Bergen und Hügeln umrahmt werden, die Detailaspekte aufgreifen, diskutieren, Probleme lösen.

Wir sind eine Industrieregion. Wir sind auch eine Wissensregion. Und mit Sicherheit sind wir eine Region, in der ein offenes Wort gesprochen werden kann.

Chronik

Chronik

Januar

Festivals und Feste 2013

Das Ruhrgebiet ist bekannt für die Vielfalt seines kulturellen Angebots. Gleich zu Beginn des Jahres veröffentlichte der Regionalverband Ruhr (RVR) die Broschüre »Festivals und Feste 2013«. Ob Emscherkunst, das Zeltfestival Ruhr oder RuhrHochDeutsch – mit der Kulturplanung konnte schon im Januar begonnen werden.

Informationen zu Datteln 4

Das Kraftwerk Datteln 4 gehört seit Jahren zu den am meisten und am kontroversesten diskutierten Projekten des Ruhrgebiets. Am 24. Januar lud der für die Regionalplanung zuständige RVR zu einer Informationsveranstaltung in die Stadthalle ein. Martin Tönnes, Bereichsleiter Planung, und Michael Bongartz, Referatsleiter Regionalplanung, erläuterten den aktuellen Stand der Planung und stellten sich den Fragen der Bürger.

Tourismus

2013 war die Metropole Ruhr die Partnerregion der Messe »Reise + Camping« in Essen. Vom 27. Februar bis 3. März warb das Ruhrgebiet unter anderem mit seinen Revierparks, der Route der Industriekultur und dem Emscher Landschaftspark auf der größten Urlaubsmesse NRWs um Reisende.

Joboffensive

Im Kampf gegen die Arbeitslosigkeit starteten sechs Ruhrgebietsstädte im Januar die »Joboffensive«:

Bochum, Dortmund, Herne, Duisburg, Gelsenkirchen und Oberhausen gehörten zu den ersten 13 Städten in NRW, in denen das Projekt »Joboffensive« der Bundesagentur für Arbeit umgesetzt wurde. Für das Programm wurden NRW-weit 238 zusätzliche Arbeitsvermittler eingestellt und die Beratungsqualität verbessert. Ziel der »Joboffensive« ist es, zusätzlich 20.000 Menschen eine Arbeitsstelle zu vermitteln.

Emschertalbahn

Mitte Januar gelang es nach jahrelanger Unsicherheit, den Betrieb der Emschertalbahn RB43 zwischen Dorsten und Dortmund langfristig zu sichern. Die Linie wurde verbindlich in die Ausschreibung des Sauerlandnetzes aufgenommen, die Finanzierung durch das neue ÖPNV-Gesetz NRW gesichert.

Monopol Ruhr

Ende Januar veröffentlichte das Berliner Kulturmagazin *Monopol* einen Kunst- und Kulturreiseführer Ruhr. Nach einem Kulturführer Berlin war das Ruhr-Heft die zweite Regionalausgabe des Magazins. »Monopol Ruhr« stellt Orte vor, die das kulturelle Leben in der Region unverwechselbar machen. Dabei setzen die Macher bewusst nur auf die bekannten Stätten der Industriekultur. Es gibt Stadtrundgänge, Bildreportagen und Künstlerporträts sowie zahlreiche Ausgehtipps.

Foto: RVR

Hall of Fame

Erivan und Erika Haub wurden in die »Hall of Fame« der Familienunternehmer aufgenommen. Damit ehrten das *Handelsblatt* und die Wirtschaftsprüfungs- und Beratungsgesellschaft KPMG den ehemaligen Geschäftsführer der Mülheimer Tengelmann-Gruppe und seine Frau für ihr Lebenswerk als erfolgreiche und verantwortungsbewusste Familienunternehmer, die sich auch durch umweltgerechtes Wirtschaften sowie soziales und kulturelles Engagement auszeichnen.

Februar

Protest gegen die Schließung der *Westfälischen Rundschau*
Foto: RVR

Westfälische Rundschau

Zum 1. Februar hat die Funke Mediengruppe die Redaktionen der *Westfälischen Rundschau* (WR) im östlichen Ruhrgebiet geschlossen. Die meisten der 120 Redakteure sind freigestellt. Der Mantelteil der WR kommt weiterhin aus Essen, die Lokalteile liefern die ehemaligen Wettbewerber der Rundschau. So wird der Lokalteil Dortmund der WR seither von den *RuhrNachrichten* erstellt.

Springorumtrasse

Der RVR begann mit dem Bau des zweiten Abschnitts der Springorumtrasse in Bochum. Im Endausbau wird die Trasse Radlern und Spaziergängern einen rund neun Kilometer langen Weg von der Innenstadt über Weitmar bis nach Dahlhausen bieten. Ab Herbst 2015 soll die komplette Route befahrbar sein.

WDR 4

Der WDR gab bekannt, dass er erstmals ein komplettes Radioprogramm außerhalb von Köln produzieren lässt. Ab Herbst 2013 wird WDR 4 komplett im Landesstudio Dortmund hergestellt.

Bierkutscher

Drei Monate war die A40 im Spätsommer 2012 gesperrt – das befürchtete Chaos blieb jedoch aus. Für die Leistung erhielt Annegret Schaber, Projektleiterin beim Landesbetrieb Straßen.NRW, die Bierkutschermütze der Bochumer Brauerei Moritz Fiege.

Tourismus

Gute Zahlen konnte die Ruhr Tourismus GmbH vorlegen: Erstmals gab es im Ruhrgebiet mehr als sieben Millionen Übernachtungen und deutlich mehr als dreieinhalb Millionen Gäste. In den vergangenen zehn Jahren stiegen damit die Übernachtungszahlen im Ruhrgebiet um 48,5 Prozent.

Börsengang

Geplant war er schon lange, aber es dauerte, bis das wirtschaftliche Umfeld passte: Evonik Industries AG gab bekannt, dass das Unternehmen seine Vorbereitungen für den Börsengang wieder aufnimmt. Die RAG-Stiftung und CVC Capital Partners gaben im Vorfeld einen Teil ihrer Aktien an institutionelle Investoren ab.

Schuldscheine

Neue Finanzierungswege beschritt die Stadt Dortmund: Sie platzierte erfolgreich Schuldscheine über 120 Millionen Euro. Ursprünglich geplant war, auf diesem Weg 100 Millionen Euro einzuwerben, aber das Interesse an den Schuldscheinen war so hoch, dass das Emissionsvolumen um 20 Millionen Euro erhöht wurde. Schuldscheingläubiger sind Sparkassen aus ganz Deutschland und institutionelle Investoren.

März

Opel-Solidaritätsfest in Bochum
Foto: RVR

Opel-Solidaritätsfest

Über 18.000 Menschen bekundeten am ersten Märzsonntag bei einem Fest in der Bochumer Innenstadt ihre Solidarität mit dem bedrohten Opel-Werk. Komiker und Kabarettisten wie Hannes Bender, Frank Goosen und Wilfried Schmickler sowie zahlreiche Ensemble-Mitglieder des Schauspielhauses traten vor den Besuchern auf. Ein Opel-Korso, an dem sich 150 Opel-Fahrer beteiligten, erinnerte an die lange Tradition Opels als Autobauer – auch am Standort Bochum.

Wirtschaftsweiser

Professor Dr. Christoph M. Schmidt, Präsident des Rheinisch-Westfälischen Instituts für Wirtschaftsforschung (RWI) Essen, übernahm den Vorsitz der »Wirtschaftsweisen«. Der Sachverständigenrat zur Begutachtung der gesamtwirtschaftlichen Entwicklung, 1963 als unabhängiges Gremium eingerichtet, berät die Politik in wirtschaftswissenschaftlichen Fragen. Die fünf Mitglieder des Rates werden vom Bundespräsidenten berufen.

Prof. Dr. Christoph M. Schmidt

Institut für Populäre Musik

Das Land NRW und die Folkwang Universität der Künste Essen werden ein Institut für Populäre Musik in Bochum gründen. Die Idee einer Pop-Akademie geht auf eine Initiative des Ruhr-Parlaments zurück. Ab 2014 werden pro Semester acht Studenten für den deutschlandweit einmaligen Masterstudiengang Populäre Musik aufgenommen.

Big Air Package

Vom 16. März bis Ende Dezember ist im Gasometer Oberhausen die größte freitragende Skulptur der Welt zu sehen: Christos »Big Air Package« – das sind mehr als 20.000 Quadratmeter lichtdurchlässiges Gewebe und 4.500 Meter Seil. Die Skulptur ist mehr als 90 Meter hoch und füllt mit einem Durchmesser von 50 Metern beinahe den gesamten Innenraum des ehemaligen Gasspeichers.

Fahrgastpreis 2013

Der Fahrgastverband pro Bahn zeichnete den Verkehrsverbund Rhein-Ruhr (VRR) für sein »innovatives Tarifmarketing« aus und verlieh ihm den deutschen »Fahrgastpreis 2013«.

DFB-Integrationspreis

Die Stadt Dortmund und ihre Agentur für Migration und Integration (MIA-DO) bekamen vom Deutschen Fußball-Bund den Integrationspreis in der Kategorie »Freie und kommunale Träger« verliehen. Drei Projekte der Sportintegration überzeugten den DFB: ein Mädchenfußballprojekt für Spielerinnen mit unterschiedlichen kulturellen und nationalen Wurzeln, die Liga im Problemstadtteil Nordstadt sowie das Fußballturnier der Religionen, bei dem Christen, Juden und Muslime gemeinsam auf dem Platz stehen.

April

100 Jahre ALDI

Kaum ein Handelsunternehmen ist so bekannt wie ALDI – im März feierte es seinen 100. Geburtstag. 1913 wurde in Essen der Grundstein mit dem Backwarenladen von Karl und dem kleinen Lebensmittelgeschäft von Anna Albrecht gelegt. Die Brüder Karl und Theo Albrecht entwickelten daraus nach 1945 zwei später eigenständige Unternehmensgruppen. Sie führten in den 1950er Jahren als Erste die Selbstbedienung ein und stellten 1962 ihre Filialnetze auf das Discountprinzip um. Heute betreibt ALDI Nord mit Sitz in Essen deutschlandweit rund 2.500, ALDI Süd mit Sitz in Mülheim mehr als 1.800 Filialen. Hinzu kommen beinahe ebenso viele Läden im Ausland.

Opel

Der Opel-Aufsichtsrat beschloss das Aus für den Standort Bochum. Bereits 2012 war für das Jahr 2016 das Ende der Automobilproduktion verkündet worden. Nachdem es keine Einigung zwischen der Belegschaft und dem Konzern gab, wird sich nun Opel nicht nur komplett, sondern auch eher aus Bochum zurückziehen: Ende 2014 ist Opel Bochum Geschichte. Opel war die wichtigste Industrieansiedlung im Ruhrgebiet nach Beginn der Bergbaukrise. Die Grundstücke will das Unternehmen gemeinsam mit der Stadt Bochum vermarkten und so die Schaffung neuer Arbeitsplätze unterstützen.

WAZ-Jubiläum
Die *Westdeutsche Allgemeine Zeitung* (WAZ) feierte ihren 65. Geburtstag. Am 3. April 1948 erschien die erste Ausgabe. Themen waren die Berlin-Krise, die US-Hilfe für Europa sowie ein Europa-Appell des damaligen Essener Oberbürgermeisters, des späteren Bundespräsidenten Gustav Heinemann. Die Zeitungslizenz stellten die britischen Besatzungsbehörden den beiden Gründungsherausgebern Erich Brost und Jakob Funke aus.

Internationales Frauenfilmfestival
Dortmund und Köln waren die Standorte des Frauenfilmfestivals. Aus 110 Filmen hat die Leiterin des Festivals Silke Johanna Räbiger acht für den Wettbewerb ausgewählt. Gewonnen hat den mit 25.000 Euro dotierten Preis der Film »In the Name of ...« der polnischen Regisseurin Małgośka Szumowska. Den mit 10.000 Euro dotierten Dortmunder »Ehrenpreis Dokumentarfilm« erhielt die niederländische Filmemacherin Heddy Honigmann für ihre Verdienste um den europäischen Dokumentarfilm. Der Publikumspreis und 1.000 Euro gingen an das Roadmovie »Jackie« von Antoinette Beumer.

Vest-Redaktion
Nachdem im Februar die Redaktionen der zur Funke-Mediengruppe gehörenden *WR* im östlichen Ruhrgebiet geschlossen worden waren, zog sich die *WAZ* Ende April auch aus weiten Teilen des Kreises Recklinghausen

zurück: Die Vest-Redaktion der WAZ wurde geschlossen. Die Lokalteile wird künftig der in Marl ansässige Bauer-Verlag liefern, der Mantelteil wird weiterhin in Essen hergestellt.

Mai

Schenker AG

Bis 2016 soll die neue Zentrale der Schenker AG am Essener Hauptbahnhof fertig sein. Dann sollen alle 700 Mitarbeiter, die auf sieben Standorte in Essen und Mülheim verteilt arbeiten, dort zusammengeführt werden.

»DAS DETROIT-PROJEKT – This is not Detroit«

Das Schauspielhaus Bochum reagierte im Mai auf die Entscheidung von Opel, den Standort Bochum bis Ende 2014 komplett aufzugeben, und stellte das Projekt »DAS DETROIT-PROJEKT – This is not Detroit« vor – Detroit ist der Stammsitz der Opel-Mutter General Motors. Zusammen mit Urbane Künste Ruhr, Architekten und Stadtplanern aus ganz Europa werden ab Oktober die Auswirkungen von Werksschließungen diskutiert.

25 Jahre Starlight

Das Musical »Starlight Express« in Bochum feierte seinen 25. Geburtstag und legte eine beeindruckende Bilanz vor: Zu 9.700 Shows kamen 14 Millionen Besucher – pro Jahr macht das einen Umsatz von 57,1 Millionen Euro.

Wahrzeichen

Das Pumpwerk Alte Emscher in Duisburg wurde zum ersten »Historischen Wahrzeichen der Ingenieurbaukunst« in NRW gekürt.

Jazz-Rekord

Jazz Festival Moers

Das letzte Jazz-Festival Moers im Park endete mit einem Besucherrekord: 15.000 Jazzfans kamen zu dem traditionsreichen Festival. Ab dem kommenden Jahr findet es in einer eigens für das Festival umgebauten Halle statt.

Markenmeister

In der Bundesliga und der Champions League reichte es 2013 für Borussia Dortmund zwar nur für den zweiten Platz hinter Bayern München, aber dafür schaffte der BVB die Markenmeisterschaft: Der Verein verfügt nach einer Untersuchung des Lehrstuhls für Dienstleistungsmanagement der Universität Braunschweig über die stärkste Markenwahrnehmung aller 36 Bundesligavereine. Der Lehrstuhl vergab unter anderem Punkte für Bekanntheit, Sympathie und Attraktivität. Der BVB belegte mit 70,53 von maximal 100 Punkten Platz eins vor den Bayern mit 58,84 Punkten. Schalke erreichte mit 53,68 Punkten Rang vier.

Steven Sloane bleibt in Bochum

Steven Sloane, einer der Direktoren der Kulturhauptstadt Europas RUHR.2010, bleibt dem Ruhrgebiet treu:

Sloane verlängerte seinen Vertrag als Generalmusikdirektor der Bochumer Symphoniker um sechs Jahre.

Weniger Einwohner

Im Ruhrgebiet leben weniger Menschen, als bislang gedacht – das war das Ergebnis der Volkszählung Zensus 2011. Mit 5.062.307 Einwohnern lag die Metropole Ruhr um 1,5 Prozent unter den bisher festgestellten Zahlen.

RRX und Betuwe-Ausbau

Am Ende jahrelanger Verhandlungen stand schließlich der Erfolg: Im Mai unterzeichneten Bund, Land und Deutsche Bahn eine Finanzierungsvereinbarung für die neue Dortmund-Kölner Schnellbahnstrecke RRX und den Ausbau der Betuwe-Linie, welche den Hafen Rotterdam mit dem Ruhrgebiet verbindet. Insgesamt investieren Bund, Land und Bahn 1,5 Milliarden Euro in den Ausbau der Betuwe-Linie.

Juni

Taiwanesische Delegation besucht die Metropole Ruhr

Eine Delegation des Wirtschaftsministeriums der Republik Taiwan mit Abteilungsleiter Chi-Hsiao Liu und Chien-Tang Chen aus dem Ministeriumsbüro für industrielle Entwicklung besuchte den RVR. RVR-Regionaldirektorin Karola Geiß-Netthöfel begrüßte die Gäste: »Die Erfolge des strukturellen Wandels unserer Region sind überall sichtbar und werden auch über Landesgrenzen wahrgenommen. Der Innenhafen Duisburg, das Welterbe Zollverein oder der Phoenix-See in Dortmund zeigen anderen Wirtschaftsregionen beispielhaft, wie aus Problemen Chancen erwachsen.«

Bürger des Ruhrgebiets

Dr. Werner Müller, der Vorstandsvorsitzende der RAG-Stiftung, und Annegret Schaber, Bauingenieurin beim Landesbetrieb Straßen.NRW, wurden vom Verein »pro Ruhrgebiet« mit dem Titel »Bürger des Ruhrgebiets« ausgezeichnet. Bei Müller wurden seine Leistungen beim Umbau des heute als Evonik bekannten RAG-Konzerns gewürdigt, bei Schaber die Koordinierung der dreimonatigen Sperrung der A40 im Jahr 2012, bei der das befürchtete Verkehrschaos ausblieb.

Neururer Typ des Jahres

Im letzten Augenblick rettete Peter Neururer den VfL Bochum vor dem Abstieg in die Dritte Liga – im Juni wurde er dafür von dem Sportmagazin 11FREUNDE zum »Typ des Jahres« ernannt. In der Jury saßen unter anderem Joachim Löw, Oliver Kahn, Hans Meyer, Silvia Neid und Klaus Allofs.

Traumzeit-Rekord

Unter neuer Führung und mit einem neuen Konzept konnte das Duisburger Traumzeit-Festival mit 5.000 Besuchern doppelt so viele Zuschauer überzeugen wie bei der Veranstaltung 2011. Zu den Höhepunkten des Festivals gehörten Auftritte von den Editors, Thees Uhlmann und CocoRosie.

Besuch vom Bundesumweltminister

Bundesumweltminister Peter Altmaier besuchte den Landschaftspark Hoheward in Herten. Altmaier war beeindruckt von den zahlreichen Umweltprojekten des Ruhrgebiets und betonte, dass das Ruhrgebiet aufgrund seiner Tradition und Qualifikation einen wichtigen Beitrag zur Energiewende leisten könne. Regionaldirektorin Karola Geiß-Netthöfel warb bei Altmaier um Unterstützung regionaler Vorhaben zum Klimawandel.

»Kohle war gestern. Das Ruhrgebiet ist lange ein Zentrum der fossilen Energie gewesen. Heute hat es sich als Metropole Ruhr längst auf den Weg gemacht, europäische Modellregion für die ökologische Modernisierung eines urbanen Ballungsraums zu werden. Ein intelligenter Energie-Mix, technisch-industrielle Lösungen für die Energiewende und eine klimapolitische Mitmach-Kultur sind wichtige Bausteine dieser Strategie.«

Duisburger Hafen
Foto: Wirtschaftsförderung Duisburg

VW investiert in Duisburg

Nach Audi kommt auch die Mutter Volkswagen nach Duisburg und will im Hafen ein Exportzentrum errichten. Ab 2014 werden von dort aus Konzernstandorte in Nord- und Südamerika, Indien, China, Südafrika und Malaysia beliefert. Bis zu 230 neue Arbeitsplätze sollen durch die Ansiedlung entstehen

EMSCHERKUNST

Am 22. Juni wurde die Kunstausstellung EMSCHERKUNST.2013 eröffnet, eines der Nachfolgeprojekte der Kulturhauptstadt RUHR.2010. Zu den von Urbane Künste Ruhr initiierten Projekten gehören u. a. die Brückenarchitektur »Warten auf den Fluss« von Observatorium, der Flugdrache von Tomás Saraceno »Ring Bell – The

Emscherkunst
Foto: RVR

Solar Orchestra and the Wind Structures« und die Zelt-Installation des chinesischen Künstlers Ai Weiwei mit dem Titel »Aus der Aufklärung«.

Juli

Richtfest
Ein Jahr nach Baubeginn feierte die Hochschule Ruhr West in Bottrop Richtfest. Der 34 Millionen Euro teure Bau wird 2014 an die Hochschule übergeben.

NSU-Mahnmal
Die Stadt Dortmund weihte ein Mahnmal für die Opfer der Terrororganisation Nationalsozialistischer Untergrund (NSU) ein. Die Terroristen hatten zwischen 2000 und 2007 zehn Menschen in Nürnberg, Hamburg, München, Rostock, Kassel, Heilbronn und Dortmund ermordet. In Dortmund brachte der NSU am 4. April 2006 den Kioskbesitzer Mehmet Kubaşık um.

ExtraSchicht
In jedem Sommer feiert das Ruhrgebiet eine Extra-Schicht. 2013 kamen zu der langen Nacht der Industriekultur über 200.000 Besucher. Bis 2 Uhr morgens

Extraschicht
Foto: RTG

nahmen sie bei tropisch anmutendem Wetter die Gelegenheit wahr, in den Zentren der Industriekultur wie Zeche Zollverein, Jahrhunderthalle Bochum oder dem Dortmunder U zahlreiche Kulturveranstaltungen zu besuchen.

Auszeichnungen für Theater Bochum und Dortmund

Die Theater in Bochum und Dortmund wurden beim NRW-Theatertreffen ausgezeichnet. Das Stück »Einige Nachrichten an das All« von Wolfram Lotz am Theater Dortmund wurde zur besten Inszenierung gewählt, die Bochumer Produktion »Draußen vor der Tür« erhielt den Publikumspreis.

Schauspiel Dortmund
Foto: RVR

Seifenkistenrennen

55.000 Zuschauer verfolgten das Red-Bull-Seifenkistenrennen auf der Halde im Landschaftspark Hoheward an der Stadtgrenze Herten/Recklinghausen. 68 Teams rasten in ihren selbst gebauten Kisten die 500 Meter lange Abfahrt hinunter. Sieger wurden die »Zeitrider« aus Herten, die nicht nur mit einer schnellen Fahrt, sondern auch mit kreativer Gestaltung und außergewöhnlicher Performance überzeugten. Mit dabei war auch Formel-1-Weltmeister Sebastian Vettel. Der Rennfahrer startete außer Konkurrenz und übernahm die Siegerehrung.

MSV in der dritten Liga

Aufatmen in Duisburg: Der MSV erfüllt die Voraussetzungen für die dritte Liga. Dem Traditionsverein blieb so der Absturz in die fußballerische Bedeutungslosigkeit erspart.

Die Macht im Revier

Drei Tage lang war die Macht in Essen – bei der »Star Wars Celebration Europe«. »Star Wars«-Fans aus ganz Europa huldigten der Kinoserie und ihren Stars. Von denen waren gleich mehrere in die Grugahalle gekommen: z. B. Carrie Fisher (Prinzessin Leia), Mark Hamill (Luke Skywalker) und Ian McDiarmid (Kanzler Palpatine/Darth Sidious). Von Kathleen Kennedy, Präsidentin von Lucasfilm, erfuhren die Fans, was in den kommenden Jahren in Sachen »Star Wars« so alles geplant ist.

Neue Studienplätze

Der doppelte Abiturjahrgang 2013 wird zu einem Ansturm auf die Hochschulen führen. In der Metropole Ruhr sind die Universitäten und Fachhochschulen darauf vorbereitet: Bis 2015 werden sie zusammen mehr als 21.000 neue Studienplätze zur Verfügung stellen.

Berthold Beitz gestorben

Am 30. Juli starb Berthold Beitz. Bis zuletzt war der Aufsichtsratsvorsitzende der ThyssenKrupp AG und Vorsitzende des Kuratoriums der gemeinnützigen Alfried Krupp von Bohlen und Halbach-Stiftung jeden Tag in seinem Büro. Der Tod von Beitz löste vor allem im Ruhrgebiet Trauer aus.

August

Cranger Kirmes

Bei wunderbarem Sommerwetter besuchten über eine Million Menschen das erste Wochenende der Cranger Kirmes in Herne. Die Cranger Kirmes ist das beliebteste Volksfest des Ruhrgebiets und gehört zusammen mit dem Münchener Oktoberfest und den Cannstatter Wasen in Stuttgart zu den größten Volksfesten in Deutschland.

Mehr Pendler

Eine vom RVR veröffentlichte Statistik zeigt, dass immer mehr Berufstätige in der Metropole Ruhr pendeln müssen. In den vergangenen gut 20 Jahren hat sich der Pendleranteil von 40 auf 55 Prozent erhöht. 1,6 Millionen sozialversicherungspflichtig Beschäftigte im Ruhrgebiet arbeiten demnach nicht an ihrem Wohnort.

Feuchtgebiete

Die Preview zu dem 2008 von der ehemaligen Viva-Moderatorin Charlotte Roche veröffentlichten Buch »Feuchtgebiete« fand in Essen statt. Die Autorin und Regisseur David Wnendt schauten zur Feier des Tages in der Lichtburg vorbei.

Ruhrtriennale eröffnet

Mit der europäischen Erstaufführung von »Delusion of the Fury« des amerikanischen Komponisten Harry Partch eröffnete Intendant Heiner Goebbels am 23. August die Ruhrtriennale. Bis zum 6. Oktober standen mehr als 43 Produktionen, darunter 20 Uraufführungen, Neuproduktionen, europäische Erstaufführungen und Deutschlandpremieren, auf dem Programm des Festivals.

Gewerbesteuereinnahmen im Ruhrgebiet gestiegen

Die gute Lage der Wirtschaft in Deutschland spiegelt sich auch in den Gewerbesteuereinnahmen der Städte der Metropole Ruhr wider: Sie stiegen im ersten Halbjahr 2013 gegenüber dem Vorjahr um 3,9 Prozent auf 1,07 Milliarden Euro. Nur in Bottrop, Oberhausen und Herne sowie im Kreis Unna sanken die Einnahmen durch die Gewerbesteuer.

Emscher Landschaftspark

Per Rad und Bus bereiste NRW-Umweltminister Johannes Remmel den Emscher Landschaftspark. Für ein neues Förderprogramm ab 2014 kündigte der Minister Planungsgespräche an. Das Land, die Region und die Städte, sagte Remmel, müssten kontinuierlich die gemeinsam entwickelten Umweltziele fortschreiben und umsetzen. Dazu bedürfe es auch einer Fortschreibung des Ökologieprogramms Emscher-Lippe von 2014 bis 2020. Mit finanzieller Unterstützung des Landes NRW sind bislang mehr als 200 Projekte im Emscher Landschaftspark realisiert worden.

Industrie fördern

Die Industrie hat ein schlechtes Image: Obwohl der Wohlstand Deutschlands vom Erfolg der Industrie abhängt, wird sie vor allem als Belastung wahrgenommen. Das will der im August gegründete Verein »Zukunft durch Industrie Mittleres Ruhrgebiet« ändern. Acht Industrieunternehmen der Region, der Arbeitgeberverband der Eisen- und Metallindustrie für Bochum und Umgebung, der Westfälische Arbeitgeberverband für die chemische Industrie und die Industrie- und Handelskammer (IHK) Mittleres Ruhrgebiet wollen die allgemeine Wertschätzung für die Industrie verbessern.

Studie zum Zoologischen (Garten)

Das Dortmunder Museum Ostwall im U-Turm hat seine Sammlung expressionistischer Kunst erweitert. Das Museum erwarb aus einer rheinischen Privatsammlung August Mackes »Studie zum Zoologischen (Garten)«. Die Zeichnung aus dem Jahr 1912 ist eine Vorarbeit zu seinem Gemälde »Großer Zoologischer Garten« von 1913, einem der Hauptwerke der Dortmunder expressionistischen Sammlung.

Ursula Gather wird Vorsitzende der Krupp-Stiftung

Ursula Gather, Rektorin der Technischen Universität (TU) Dortmund, übernimmt den Vorsitz der Krupp-Stiftung. Die Rektorin tritt die Nachfolge des am 30. Juli verstorbenen Berthold Beitz an und übernimmt das Amt zum 1. Oktober.

Ursula Gather
Foto: WAZ FotoPool

Gelsenkirchener Hans-Sachs-Haus wiedereröffnet

Die Sanierung dauerte über zehn Jahre, eine Zeit lang war sogar über den Abriss diskutiert worden – am 31. August war das alles vergessen: Zwei Tage lang feierte Gelsenkirchen die Wiedereröffnung des Ende der 1920er Jahre von Alfred Fischer entworfenen Rathauses.

September

Allzeit-Hoch
Mit einem Allzeit-Hoch an Abonnenten startete das Konzerthaus Dortmund in die neue Saison: 5.500 Abonnements wurden verkauft – so viele wie noch nie.

Opel-Leitlinien
In Bochum werden die Pläne für die Nutzung der drei Opel-Flächen immer konkreter. Wenn der Autohersteller sich Ende 2014 komplett aus der Stadt zurückzieht, soll, so die »Bochumer Position«, für jede Fläche ein eigenes Konzept erarbeitet werden: Dienstleistungsbetriebe, Forschung, Entwicklung und Produktion sollen auf dem Standort des Werks I angesiedelt werden. Die Flächen der Werke II und III in Langendreer sollen für zukunftsfähige und innovative Produktion genutzt werden.

»Mein lieber Kokoschinski!«
»Mein lieber Kokoschinski!« heißt ein neues Buch über das Ruhrgebietsdeutsch. Autor Heinz Menge klärt unter anderem über Namen im Ruhrgebiet auf und erläutert, warum das o in »Booochum« so lang ausgesprochen wird. Der emeritierte Professor für Germanistische Linguistik zeigt zudem die Einflüsse des Plattdeutschen, Jiddischen und Polnischen auf den Ruhrdialekt auf.

Geschichte
Für das Projekt »Gedächtnis der Nation« wurden im September Migranten und frühere Bergleute interviewt. Zu den Initiatoren gehören Guido Knopp, früherer Leiter der ZDF-Redaktion Zeitgeschichte, und Hans-Ulrich Jörges, Mitglied der *Stern*-Chefredaktion. Ziel des Vereins ist, das Wissen von Zeitzeugen zu bewahren. Die Beiträge werden im Internet präsentiert.

25 Jahre Aalto-Theater

Die Festrede bei der Gala am 26. September zum 25-jährigen Jubiläum des Aalto-Theaters hielt Bundestagspräsident Norbert Lammert. Aus Anlass des Jubiläums beginnt im November die Vortragsreihe »Silver Jubilee«, die sich aus unterschiedlichen Perspektiven mit dem Phänomen Oper auseinandersetzt. Zu den Referenten gehört auch Richard Wagners Urenkelin Nike Wagner.

Robert Ciulli (rechts)
Foto: A. Köhring

Staatspreis für Roberto Ciulli

Der Regisseur und Intendant des Mülheimer Theaters an der Ruhr Roberto Ciulli erhielt den diesjährigen Staatspreis NRW. Ciulli wurde für seinen jahrzehntelangen Einsatz um die Verständigung zwischen den Kulturen und für seinen prägenden Einfluss auf die Theaterlandschaft in NRW und darüber hinaus geehrt.

YOU kehrt nach Dortmund zurück

YOU, die Messe für Jugendkultur, wird neben dem bisherigen Standort Berlin künftig auch wieder in den Westfalenhallen zu sehen sein. Die erste YOU Dortmund wird vom 28. bis 30. November 2014 stattfinden.

SPD bleibt im Ruhrgebiet stärkste Kraft

Bei den Bundestagswahlen wurde die SPD die mit Abstand stärkste Partei im Ruhrgebiet: 39,1 Prozent der Stimmen erhielten die Sozialdemokraten in der Metropole Ruhr – 3,2 Prozent mehr als vor vier Jahren. Die CDU bleibt trotz höherer Gewinne (plus 5,5 Prozent) mit einem Stimmenanteil von 32,6 Prozent zweitstärkste Partei. Die kleineren Parteien haben im Ruhrgebiet einen schweren Stand: Die FDP rutschte auf 4 Prozent ab (minus 7,5 Prozent), die Grünen erhielten 7,3 Prozent und die Linke 7,1 Prozent.

Kulturkonferenz Ruhr diskutiert über Interkultur

Die Zukunft der Interkultur und neue Strategien der interkulturellen Arbeit standen im Zentrum der Kulturkonferenz Ruhr in Recklinghausen. Die 350 Teilnehmer der 2. Kulturkonferenz Ruhr im Ruhrfestspielhaus Recklinghausen waren sich einig, dass Kunst und Kultur den Dialog zwischen den unterschiedlichen kulturellen Milieus bereichern können.

Schauspielhaus-Flatrate

Das Schauspielhaus Bochum und der AStA der Ruhr-Universität Bochum bieten Studenten seit dem Wintersemester eine Theater-Flatrate an. Für 1 Euro zusätzlichen Semesterbeitrag können Studenten nun alle regulären Vorstellungen des Theaters so oft besuchen, wie sie möchten.

Neuer Geschäftsführer Wirtschaftsförderung metropoleruhr

Rasmus C. Beck wurde einstimmig vom Verbandsausschuss des RVR zum neuen Geschäftsführer der Wirtschaftsförderung metropoleruhr (wmr) GmbH gewählt.

Oktober

Jutta Limbach übernimmt Gastprofessur in Duisburg
Die ehemalige Berliner Justizsenatorin und Präsidentin des Bundesverfassungsgerichts a. D. Prof. Dr. Jutta Limbach wird Gastprofessorin an der Uni Duisburg-Essen. Im Wintersemester hat sie die Gastprofessur für Politikmanagement der Stiftung Mercator an der NRW School of Governance übernommen.

EXPO REAL
Mit dem Schwerpunktthema »Neues urbanes Leben« präsentierten sich die Städte des Ruhrgebiets vom 7. bis 9. Oktober auf der Immobilienmesse Expo Real in München. Die wmr hatte die Federführung für den Gemeinschaftsauftritt der Städte und Kreise der Region übernommen.

Rekord bei Ruhrtriennale
Die Ruhrtriennale, die vom 23. August bis 6. Oktober mehr als 800 internationale Künstler mit 200 Vorstellungen ins Ruhrgebiet brachte, hat ihre Zuschauerzahlen deutlich steigern können. Rund 49.400 Tickets wurden für die Produktionen 2013 abgesetzt, bilanzierte Intendant Heiner Goebbels in Bochum. Mit 90 Prozent wurde die höchste Auslastung seit Bestehen des Festivals erreicht. Besucherstärkste Produktion 2013 war das Ciné-Concert »Massive Attack V Adam Curtis« mit rund 7.500 Zuschauern.

Geonetzwerk metropoleRuhr
Die Städte und Kreise des Ruhrgebiets und der RVR gründen das regionale Geonetzwerk metropoleRuhr. Im Rahmen des Geonetzwerks sollen städteübergreifende und einheitliche Informationen über Gewerbeflächen, Wohngebiete, Naturschutzareale und Umweltzonen

in der Region zentral der Öffentlichkeit zugänglich gemacht werden.

Fernwärmenetze zusammenlegen
Das Ruhrparlament des RVR hat sich mit großer Mehrheit für den Ausbau des Fernwärmenetzes in der Metropole Ruhr zu einer großen Fernwärmeschiene ausgesprochen. In der Begründung heißt es, dass durch den Verbund die Wärmeversorgung langfristig klimafreundlicher, effizienter und kostengünstiger angeboten werden kann. In einem ersten Schritt wollen sich die Parlamentarier dafür einsetzen, dass die Fernwärmeschienen Niederrhein und Ruhr im sogenannten Westverbund verknüpft werden.